書法乃世間百態 定位定企業

成敗頒定位幫助廣大企業

成就自身非凡脈務國家發展

奉題

劉雪波先生著定位系列叢書

丁亥夏月

王學嶺於北京

帮助企业转型 打造强势品牌

定位

从理论到应用

POSITIONING
FROM THEORY TO APPLICATION

刘波 ◎ 著

经济管理出版社
ECONOMY & MANAGEMENT PUBLISHING HOUSE

图书在版编目（CIP）数据

定位：从理论到应用/刘波著.—北京：经济管理出版社，2015.8
ISBN 978 - 7 - 5096 - 3897 - 2

Ⅰ.①定…　Ⅱ.①刘…　Ⅲ.①中小企业—企业管理—研究—中国　Ⅳ.①F279.243

中国版本图书馆 CIP 数据核字（2015）第 176624 号

组稿编辑：张　艳
责任编辑：张　艳　许　艳
责任印制：黄章平
责任校对：车立佳

出版发行：经济管理出版社
　　　　　（北京市海淀区北蜂窝 8 号中雅大厦 A 座 11 层　100038）
网　　　址：www.E - mp.com.cn
电　　　话：(010) 51915602
印　　　刷：三河市海波印务有限公司
经　　　销：新华书店
开　　　本：720mm×1000mm/16
印　　　张：10.5
字　　　数：134 千字
版　　　次：2015 年 9 月第 1 版　2015 年 9 月第 1 次印刷
书　　　号：ISBN 978 - 7 - 5096 - 3897 - 2
定　　　价：38.00 元

推荐序："定位理论"的中国式解读

"定位"这个词，大家都不陌生，我们常常说企业定位、个人定位、职业定位、学校定位甚至国家定位，然而这些与刘波先生书里所阐述的"定位"的概念相去甚远。看过刘先生的书，我知道"定位"就是差异化，就是与众不同。这个差异化和与众不同，不是企业自己所认为的，而是顾客心智的认可。"定位"应用最广泛的是在企业界。改革开放30多年来，市场上供应的商品越来越丰富，很多商品已经到了供过于求的程度，也就是我们常说的"买方市场"。而在这个阶段，商品是否畅销，恐怕不是靠物美价廉，也不是靠服务周到，更不是靠打折促销，而是靠"定位"所倡导的差异化，与众不同。

这个时代是一个需要探险家的时代，探索未知世界的秘密；是一个需要政治家的时代，消除贫困、污染，建立一个公平的社会；是一个需要发明家的时代，发明造福人类的产品；是一个需要企业家的时代，创造高效的商业模式，建立高效运营的企业。可是，历史进程中，往往人们强调的是政治家、思想家、军事家、科学家的功绩，而博尔顿对蒸汽机的推广，福特对大工业生产的贡献，摩根以及那些无名企业家对公司设立、股票、期货、风险投资和资本市场建设的贡献却很少有人提及，人们对他们推动历史的作用关注不足！

著名经济学家吴敬琏说："制度重于技术。"此话非常经典。但我想补充一点，经济是制度的基础。有数据表明：人均收入1000美元只能维持民主制度 8.5 年，人均收入超过 6000 美元才能使民主制度长期不变。经济、制度、技术相辅相成，社会才能健康发展！我国自古重农抑商，对企业家精神一直不甚重视。现在还有多少人记得张謇、范旭东、周学熙、卢作孚呢？因此我特别希望这个时代能诞生更多的现代企业家，中国的财富只有掌握在这些聪明的、有道德的、有进取心的、有企业家精神的人手中，中国才有希望！

谈到企业，我们头脑中最先跳出来的常常是那些实力雄厚、叱咤风云的世界级企业，比如我国的联想、华为、腾讯、阿里巴巴，外国的沃尔玛、通用电气、苹果、微软等。然而，无论从数量、就业还是税收等角度看，对我们日常生活影响最大的其实不是大企业，而是无数的中小企业。可以说，没有这些无名的中小企业提供着甚至我们难以察觉的产品、服务，我们每一天的生活真是难以想象！同时，任何世界级的大企业又几乎都是从中小企业发展起来的。因此国家最需要关心，学术界最需要支持的应该是中小企业。

刘先生的这本书，把来自美国的艾·里斯和杰克·特劳特所发明的"定位理论"进行了中国式的解读：一是针对中小企业的需求；二是用所有人都听得懂的语言；三是列举的基本都是我们耳熟能详的案例，且理论与案例交织在一起；四是在写作手法上充分考虑到中小企业的企业家、高管的情况。是一本适合中小企业阅读，进而实践的定位应用书。

希望本书的出版是刘先生研究中小企业定位的一个开端，同时也希望刘先生继续努力，为中小企业的发展继续提供更多、更好的理论支持。也希望通过每天的咨询、培训为中小企业发展提供好的指导。

"允公允能，日新月异"，特借南开大学的校训赠予刘先生。

2015 年春

自序：专为中小企业写的定位应用书

谨以此书献给我的母校四川大学、南开大学。

此刻提笔写序，距离本书的第一篇文章《所有企业都需要创品牌》已过去整整两年了。两年前没有想到会有一本书诞生，也从未想到过出书和我有什么关系。两年前写第一篇文章《所有企业都需要创品牌》时，仅仅是有话要说，不说不痛快，而第一篇文章也仅仅是传播最为基础的"定位"（positioning）知识。为了增强文章的可读性，当时大致确定每篇文章字数不多于2000字，所以在此之后的几篇文章基本都是这个长度。文章写好后就在朋友圈子传播，也有意识地发给有关老师，请他们指导。没想到反响出奇的好，甚至有老师、专家让我专门去和他们见面、探讨。或许也有受到鼓励的成分，每个月都会有一篇文章诞生，大致到2013年6月，特别是《重新定位天津旅游》出来后，有不少人就建议可以尝试着写成一本书了，甚至天津市政府有关领导也亲自打电话给我，对《重新定位天津旅游》予以表扬。至此我才认真考虑：或许真的可以写成一本书了！此后文章主题、写作手法以及文章篇幅等，都有意识地按照出书的要求来写。然而此决定又给自己造成了痛苦：不定时写文章不难，然而定时写，写出新意，内容始终保持一定的水准，那就有难度了。此后，文章逐渐从喷薄而出、不吐不快，到认真准备、写出水平，甚至到最后已有相当难度了。为了写出一篇自己感觉有新意，言之有物的文章，也不得不去认真做些研究，比如研究畅销书《蓝海战略》，研究毛泽东《论持久战》，研究"三国"，等等。本书大致完成后，又对所有文章校对了一遍。如果当初想到会有如此难度，不知道能否坚持下去？

此书不算大作，特别是对于高产作家，或者对于一年出好几本书的名家们来说，一本书简直就是小菜一碟，然而对我来说就是大事。我一直坚持认为"文如其人"，或者"见文如见其人"，因此本书坚持做到不抄袭，不走所谓的捷径，哪怕是"借鉴"互联网上谁也不知道是谁的观点。确因写作需要引用一些老师的观点，也经过其本人同意，或者在原有基础上进行了更深入的研究，因此本书的内容原创性绝对经得起时间检验。在写作过程中，也有朋友建议可以写快一点，他们告知自己两三天就能写一篇文章，甚至也有出版社希望能尽快完工，然而我仍然不为所动，坚持每月只写一篇文章，我坚信"慢工出细活"，因此本书在没有专门校稿人的情况下，其字、标点等都是经得起推敲的。当然也难免会出现个别错别字的情况。我是在写一本读者愿意放在书架上的书，也是在写一本多年后我仍然敢读，敢向朋友推荐的书。

我自2013年8月正式全职创业，传播"定位"，把中小企业作为目标客户群体，因此我定位本书的目标读者群也依然是中小企业的企业家、高管，本书的主题、内容组织、写作手法等，都是为这个群体服务。从体裁看，一来本书写作之初就是一篇篇独立呈现的文章，二来考虑到中小企业的企业家、高管的读书习惯，为了增强可读性，本书最终仍然以一篇篇可以独立存在的文章出现。有时间就可以拿起来读一会儿，没时间放一段时间也没有关系。

"定位"来自于美国，来自于"定位之父"艾·里斯和杰克·特劳特，因此本书的理论体系不是我原创，顶多在某些方面有些创新，不过书中到处都是中国元素，包括对"定位"原著的解读，案例的组织，等等，不但很"中国"，而且还很"邻居"，这样就利于读者理解"定位"、应用"定位"了。从书的深度看，本着服务于中小企业的企业家、高管的目的，本书基本是传播基本知识、技能，力求让读者对"定位"有个基本的认识，进而基本可以用"定位"来指导自己的企业经营。不过我感觉本书内容有越来越深的意思，希望读者能从整体上把握"定位"的精髓，以及文字背后的逻辑关系。假如读者以为"定位"不过如此，那就误解"定位"了！

我常年都在传播"定位"的一线，或研究，或讲课，或咨询，或顾问，因此本书在付梓印刷前，其实一直都在中小企业以及我的朋友圈子里传播，截至目前，读过其中至少一篇文章的读者不下 3000 人，即使没有刻意宣传、推广，仍有不下 500 人拥有我让委托打印部打印、装订的或薄或厚的册子，其中包括很多中小企业的企业家、高管。很多人按照书中所讲的知识、方法实践后觉得受益匪浅，有的成功开始新的事业，甚至有企业 2014 年综合经济指标比 2013 年增长超过 50%，乃至翻番。这点既在意料之外，又在意料之中。并非我的书有多好，而是"定位"理论确实很管用。

希望本书的出版有助于"定位"理论在中国传播，有助于中小企业的转型升级，有助于帮助一些中小企业成为隐形冠军。

我大学本科毕业于四川大学，川大校训"海纳百川，有容乃大"；研究生毕业于南开大学，老校长伯苓先生教导"允公允能，日新月异"。本书虽还有很大差距，然确已尽力，故仍斗胆献给我的母校——四川大学、南开大学，以记录人生这段在路上的经历！

刘波

2015 年 1 月 18 日于天津

目　录

为了说明"定位无处不在"的事实，本书计划分三个小节来讨论。前两节分别列举了几个比较大的案例，也用了一定篇幅详细阐述。本节共列举20个左右的小案例，有的案例简单仅有一句话，甚至更少。

《蓝海战略》曾在我国刮起过一阵"蓝海战略"风，直到现在仍未停下。《蓝海战略》是一本好书，它所阐述的理论给予我国企业界以启发，然而与"定位"理论相比呢？

天津在央视隆重推出旅游宣传广告，口号是"天天乐道，津津有味"，在这个主题下去展现天津的方方面面。然而如何看待这个广告的价值呢？如何定位天津旅游呢？对于一个地区、城市，应该如何定位它的旅游呢？

在这个公司的力量改变世界的时代，绝大多数人的一生都会与公司、与工作紧密联系，找到一份好工作对于个人，乃至家庭的幸福都是重要的。那么，是否有办法看透你天天都要面对的工作呢？

《星光大道》造就了诸如李玉刚、凤凰传奇、玖月奇迹、阿宝这些草根明星，他们的命运因《星光大道》而被彻底改变。然而，在《星光大道》亮相，甚至取得好成绩的草根还有很多，他们为何没有走红呢？

这些年来，随着管理培训课程走进企业界，在我国没有上过管理培训课的老板已属另类。无数老板不是在课堂上，就是在前往课堂的路上，然而，为何直到今天管理培训行业仍然没有见到强势品牌呢？管理培训企业应该如何才能打造强势品牌呢？

改变世界的书中，毛泽东《论持久战》一定算其一。一本薄薄的小册子，为何具有如此大的能量呢？是否可以用定位解读呢？

"话说天下大势，分久必合，合久必分。"一本《三国演义》，说不尽东汉末年天下纷争，数十路诸侯为了自己的生存与发展刀光剑影，无数豪杰在这个英雄辈出的时代淋漓尽致地展现自己的才华，最终，并不被看好的曹刘孙胜出，创建了自己的国家——魏蜀吴，在战略层面是否有规律可循呢？

中小企业的组织结构，千篇一律的都是生产、销售、人力资源、财务、质量、采购等部门，以致很少有人怀疑这样的组织结构形式是否存在问题。对比全球著名公司，或许我们能找到答案。

在这个竞争日趋激烈的时代，各行各业的企业生存、发展普遍艰难，利润比纸薄，问题究竟出在哪里呢？是大环境使然吗？但我们难以改变环境。我们自身是否存在问题？如果是，存在哪些问题？又该如何改善呢？

商场如战场，战场的胜利首先依赖于指挥官高超的指挥艺术，"运筹帷幄，决胜千里"，而不能把希望寄托于士兵以一当十。然而在商场上，我们常常把希望寄托在员工身上，希望有更好的团队。事实上，越是这样的状况，越是说明我们的指挥系统出了问题，我们很可能在打一场乱仗，那又如何能胜出呢？

战略的目的是让企业建立品牌，而品牌的本质则是与众不同，既然如此，我们就可以通过图形的方式把不同品牌的与众不同之处表现出来，从另一个角度说，也可以通过画出与众不同的曲线帮助制定战略。

项目是商业领域经常使用的词汇，常常项目成，企业活；项目死，企业衰。项目的重要性可见一斑。那是否能在项目实施前就有比较简便、准确的方法帮助判断项目成功的可能性呢？

战略关乎企业生死，但不能以企业的生死来验证战略是否存在问题，在企业生死之前应该有一些现象反映出战略的正确或错误，我们要做的就像医生给病人看病一样，通过身体的表面状况，分析病症所在。

有"中国定位第一人"之称的邓德隆先生曾经说："中国企业的七大品牌观念误区。"企业规模不一样，表现出来的问题也不一样，中小企业在品牌、战略层面存在的误区也必定有其特殊性，在此，笔者提出"我国中小企业十大品牌、战略观念误区"。

王老吉（凉茶）已经成为一个传奇，持续 6 年超越可口可乐在我国的销量，成为名副其实的"中国第一罐"，背后必有原因。那就让我们共同揭开王老吉成功的神秘面纱吧！

用"变革"来形容这个时代已然不够，用"狂飙突进"来形容，毫不为过。过去的成功可能是未来进步的包袱，为了成为未来赢家，中小企业应该如何应对呢？

第一部分　拨开迷雾看定位

所有企业都需要创品牌

创建品牌，我们常常以为这是大公司的专利，也以为只有消费品才有必要创建品牌，还以为对于中小企业来说，生存与创建品牌天生就是一对冤家。然而，事实并非如此！

在做品牌顾问、培训的这些年里，常常听到企业经营者们说"我们的公司还小，等发展大了，再研究如何创品牌"，"我们是做某某行业的，我们这个行业不适合做品牌"，"我们现在面临的是生存问题，不把生存问题解决了，如何创品牌"，"我们是中间产品生产型企业，谈什么创品牌"，等等，类似的关于品牌的问题很多很多。因此，本书希望从专业的品牌角度，谈谈品牌这个话题，厘清关于品牌的一些误解。

首先要问：对于顾客来说，企业重要还是品牌重要？

列举几个我们耳熟能详的品牌："六个核桃"饮料、"白加黑"感冒药、"农夫山泉"饮用水、"牛栏山"二锅头、"劳斯莱斯"汽车，它们分别是哪个企业持有的品牌？绝大多数人都不全知道，甚至很多人一个都不知道。这个小例子充分说明了对于顾客来说企业根本就不重要，真正重要的是品牌。因此，一个企业只有做顾客认为重要的事情，才是正确的，才是创造利润的行为，否则就只是在增加成本而已。

其实，品牌的重要性这个观点并没有多么高深，几十年前，管理学大师彼得·德鲁克先生在他的著作《成果管理》中已经说得很清楚了："成果不依赖于企业内部的任何人或受企业控制的任何事情，成果取决于企业外部的人——市场经济中的顾客。""什么是有意义的事情是由市场和顾客决定的，只有提供顾客认为有价值的，并愿意掏腰包购买的东西，企业才能赚到利润。"放眼看去，我们身边有多少企业正努力做好顾客认为并不重要的事情，而又有多少企业正努力在顾客认为重要的事情上"偷工减料"。比如盖办公楼和广告宣传究竟哪个重要？购买豪华车与增加销售费用究竟哪个重要？这些其实本不需费力就能决策的事情，在很多企业并非容易决策。

其次要问：什么是品牌？

百度一下，或者翻开有关企业经营管理的书籍，类似美国营销学会对品牌的定义有很多，比如"品牌是一种名称、术语、标记、符号或设计，或是它们的组合运用，其目的是借以辨认某个销售者或某群销售者的产品或服务，并使之同竞争对手的产品和服务区别开来"，等等。然而，在笔者看来，这样的定义稍显复杂、深奥。用老百姓都听得懂的话来阐述："品牌就是顾客购买你的产品（服务）的理由。"只要你能给顾客一个购买的理由，不管是质量、价格、服务还是其他，只要顾客认可这个理由，愿意掏钱购买，那你就是一个品牌，否则，就不是品牌，不管你有什么名称、术语、标记、符号或设计，都不是品牌（或者说仅仅是企业自己认为的品牌，顾客并不认可）。

那如何才能衡量是弱势品牌还是强势品牌呢？简单地说就是："换个品

牌名，看顾客是否还认账。"假如换个品牌，顾客没感觉，那就不是强势品牌，因为顾客压根儿不是冲品牌来购买的；反之，顾客会有明显感觉，甚至不来购买，那就是强势品牌。麦当劳、肯德基、可口可乐、加多宝，每天门庭若市，假如换个品牌名，就会门可罗雀。显然，麦当劳、肯德基、可口可乐、加多宝，就具备了很强的品牌效应。可口可乐、百事可乐数十年如一日地在包括中国在内的全球市场畅销，而前些年中国市场上出现过的汾煌可乐、非常可乐，还打出了"中国人自己的可乐"的民族牌，最高时候的年销售额达到了 60 亿元（超过了绝大多数企业的销售额），然而仅仅几年过后，这两个品牌便销声匿迹了。这一现象显然也需要用品牌来解释，因为消费者认可可口可乐、百事可乐这两个品牌，而汾煌可乐、非常可乐在消费者心中的印记还不够深刻，消费者没有足够的理由购买。

事实上，任何规模、任何行业，以及发展处于任何阶段的企业都需要创品牌，或者说都需要用创品牌的观念、知识、技能来指导发展。只有具备了品牌，企业的赢利才是可以保障的，否则就会像坐"过山车"一样，市场好的时候利润高，市场一低迷，或者有实力的竞争对手一进入，利润就低，甚至陷入亏本的境地。

除了政府主导的国有企业外，绝大多数企业都是从无到有、从小到大发展起来的，包括在国际市场上叱咤风云的跨国企业。比如微软，1975 年比尔·盖茨创办微软时，世界上是没有"软件"这类公司的，微软专注于软件领域，很快便脱颖而出，直到成为软件领域第一企业，其 Windows 操作系统更是占据全球市场 90% 以上的份额。又如戴尔电脑，迈克尔·戴尔从哈佛辍学创办戴尔电脑公司时，IBM、DEC、惠普等公司已是"巨无霸"，通过传统销售渠道在电脑市场各自占据着一席之地。然而戴尔电脑聚焦于"直销"，以低廉的价格、快速的响应、高效的仓储周转在电脑市场上攻城略地，迅速崛起，成为全球电脑市场上的一支重要力量。

从品牌经营角度看，微软、戴尔就是善于创品牌的典范。假设当初微软进入电脑硬件领域，戴尔以传统渠道销售电脑，他们的未来将会怎样？恐怕就不会有今天人人皆知的公司和品牌了。

对于普通消费者来说，似乎只有涉及其衣食住行的轻工企业才有必要创品牌，其实这种观点是错误的（很多重工业品牌，其实很强势，只不过普通消费者不了解而已）。笔者有个朋友在工业用通风设备领域担任过一家公司的销售总监，在他加盟该公司前，公司的宣传口号就是我们熟悉的"以质量求生存，以信誉求发展"、"质量第一、信誉第一、服务第一"等老一套，对于用户来说太空泛，太平常，以致毫无感觉。于是，笔者就建议他们公司将宣传口号改成"专注风机26年"、"德国技术，值得信赖"，将最能体现公司实力的企业资质，所服务过的最能代表公司水平的客户进行了针对性的展示，重新设计宣传手册，邀请著名设计院的著名专家召开通风行业的研讨会，并在国家知名行业刊物上发布信息，投标时不纯粹以价格取胜……这些举措无一不是在向市场传递"我们是最棒的、最专业的"这样一个信息，因为既然你已经"专注风机26年"，你是"德国技术"，当然要有26年的德国造的范儿啦！半年后，效果显现出来了，有不少用户打电话邀请参与竞标，要求到公司考察，等等。由此可见，只要坚持正确的方向，随着时间的推移，效果会越来越明显。

对于生存与发展之间的关系，其实并非创品牌就不要生存，相反，创品牌是企业求得生存的有效方式。一个长期忽视品牌的企业是很难生存的。一个长期没有品牌的企业极有可能陷入质量战、价格战、服务战的泥潭。在已陷入白热化竞争的企业界，靠质量、价格、服务显然是一条难以取胜的道路，因为这些因素仅仅是参与竞争的基础，谁能保证自己的质量、服务就比竞争对手好？靠低价取胜更是难以持续！这些都是"零和"游戏。唯有品牌，是竞争的有力武器。

所谓竞争，并非事实之战，而是认知之战。空调的第一品牌是格力，难道格力就一定比美的好吗？冰箱的第一品牌是海尔，难道海尔就一定比美菱好吗？丰田汽车在全球汽车行业销售额位居第一，难道丰田产的汽车就一定比破产的通用产的汽车好吗？答案是否定的。因为格力、海尔、丰田是相关领域的第一品牌，所以消费者认为它们的产品更好；而不是因为消费者认为它们的产品更好，所以是第一品牌。这就是品牌的威力！记住：品牌是认知之战，而非事实之战。

在今天，所有的企业都适合用品牌的观念、知识、技能来指导经营，也只有用品牌的观念、知识、技能来指导经营，企业才能更好地生存，然后发展。我国企业间的竞争还处于比较低的水平，普遍是质量战、价格战、服务战，这对于用品牌经营的企业来说是个好机会，只要方法得当，不难从竞争中脱颖而出。

定位十题问答

艾·里斯和杰克·特劳特都是世界最著名的营销战略家，他们从 1981 年写出《定位》一书后，近 40 年来又陆续出版了 20 多本书，其"定位"理论已经被阐述得足够清楚了。但目前来看，仍然有必要用最简单的方式告诉读者"定位是什么"。

2002 年"定位"理论进入我国，正式服务于企业界，至今已经走过了

13个年头。从2012年3月起，笔者在有关省市传播"定位"，至2015年5月已做了63次讲座，直接进入课堂的学员已逾2000人次。"定位"理论在我国已经打造了诸如王老吉、劲霸男装、香飘飘奶茶、长城汽车、东阿阿胶、真功夫快餐、老乡鸡、爱玛电动车、雅迪电动车等一系列品牌。然而，"定位"理论在企业经营管理的方法中，仍然是一个非主流体系。在天津更是如此，很多朋友在听笔者讲定位前，甚至从未听说过定位，即使听说过，也常常是以偏概全、望文生义。为了更好地传播定位，让大家更好地理解定位，特做以下定位十问。

定位十问之一：何谓"定位"？

答：企业界对"定位"似乎无师自通，按照"望文生义"的方法来理解，定位就是确定位置或者确定的意义，而且人们还可以找到"卫星定位"这个例子来证明这种理解的准确性。于是，价格定位、产品定位、渠道定位以及人力资源定位等，各种定位无奇不有，有的企业还骄傲地宣称："你们一个品牌只谈一个定位，我们规划一个品牌有八个定位。"

事实上，定位是在顾客心智中创造差异化，甚至与众不同的过程。现代经济社会，定位常常用于企业经营管理，在企业界，定位的目的是建立强势品牌。定位是个过程，而不是一个静止的点，定位不能一蹴而就，而是需要长期的、耐心的坚守，才能最终建立定位。在企业界，就是建立产品品牌。

定位十问之二：定位的发展历程是怎样的？

答：1963年艾·里斯离开通用电气，创办里斯公司，之后一直致力于研究定位。1968年杰克·特劳特加入里斯公司，任客户经理。1969年，由里斯授意，特劳特撰写的《定位：METOO时代的游戏规则》发表在《工业营销》杂志上，"定位"一词首次出现在公众视野中。1972年里斯和特劳特在美国最大的营销杂志《广告时代》上连续发表了《定位时代的到来》等3篇文章，正式提出了"定位"理论。1981 年两人合著《定位》，1996 年里斯、特劳特宣布分手。截至目前，两人所率领的团队撰写的书，在我国公开出版的有 20 多本，它们从不同角度阐述定位。

有种说法认为，截至目前定位的发展经历了 4 代，分别是定位、营销战、聚焦、品类分化，目前正处于品类分化时代。2002 年，"定位"理论进入中国，其标志性的事件是《定位》一书 20 周年纪念版在中国发行，中国企业开始广泛接触"定位"理论。同年，"特劳特（中国）品牌战略咨询公司"成立。2007 年 8 月，里斯伙伴（中国）营销战略咨询公司成立。12 年里，两家公司在中国做了王老吉凉茶、香飘飘奶茶、真功夫中式快餐、长城汽车、家有购物、东阿阿胶、豪爵摩托、劲霸男装、会稽山黄酒、乌江涪陵榨菜、乡村基快餐等品牌（项目）。定位在中国的影响越来越大。

定位十问之三：定位适合我国国情吗？

答：定位适用的两大前提条件是大竞争时代和长期效应。自 1992 年我国开始建立市场经济起，除了少数国企垄断行业外，市场竞争总的态势是越来越激烈，任何企业想在竞争中胜出越来越难。不时在食品、药品，甚至于汽车等关系老百姓日常生活的行业爆出的丑闻，也从一个层面证明了竞争的激烈程度。其实在其他行业这样的情况也是屡见不鲜，只不过老百姓的关注程度相对小些而已。计划经济下的短缺时代已经一去不复返了，取而代之的行业生产相对过剩，要想在竞争中胜出，仅仅满足消费者的需求是不够的，而是需要击败竞争对手。

定位的目的是要实现长期成功，任何企业从根本利益上说，也是寻求长期成功，绝无企业老板希望自己的企业尽快夭折。那些迅速夭折的企业，究其原因基本都是不同层面、不同角度的行为与想法之间的背离。

中国中小企业定位第一人鲁建华说："在中国这个敏感和变化异常迅速

的市场，应用传统营销理论，你也可能获得一定的成功，但随着竞争的加剧，你可能会遇到大麻烦，应用定位理论可以让你有先见之明，轻松打造强势品牌。"

定位十问之四：定位诞生了40多年，为何直到今天应用定位的企业仍然占少数？

答：里斯和特劳特曾统计过，即使在美国运用定位来建立品牌的企业仍是少数。其原因可能在于：一方面，里斯和特劳特分开，各自发展自己的定位体系，导致人为复杂了定位理论，而两人也不大可能公开承认对方的研究成果；另一方面，定位理论、方法与人们日常思维、行为差异很大，甚至相反，比如企业老板们普遍认为更高的销售额、市场占有率、利润是企业追求的目标，为此企业就采取打广告、促销、降价、品牌延伸等方式，因为这些方式能起到立竿见影的效果，然而这些方法通常违背定位理论。因此，里斯和特劳特不得不写很多书，通过全球各地发表演讲等方式，来传播正宗的定位理论。

在我国，还有一个独特的原因就是定位进入我国的时间还很短，需要一个发展、成熟的过程，这个过程不能跨越过去，只能耐心度过。

定位十问之五：定位是否适用于中小企业？是否仅仅是消费品行业才适用定位？

答：与大型企业相比，中小企业资源匮乏，抗风险能力差，一旦出现战略性的失误，很有可能导致破产。而大型企业，几亿元甚至几十亿元、上百亿元的失误，也不能使其伤筋动骨，它们仍然有可能卷土重来，东山再起。因此中小企业更有必要定位。

商业的发展方向是分化，而不是融合，这就从理论上给了中小企业定战略、创品牌的可能性，而定位正是最好的体系。但有这样一种误解，似乎只有与老百姓生活息息相关的消费品行业才适用定位。其实，定位适用于任何行业，甚至于中间半成品企业，通过定位建立品牌不但可行，而且应该。

定位十问之六：为何定位理念一学就会，一用就错？

答：定位理论来自于实践，高于实践，反过来指导实践，因此无论是里斯，还是特劳特的著作，都有无数的案例用于阐述、证明理论。定位理论并不复杂，甚至很简单，简单到一看就懂，一学就会。

那为何定位理论又是一用就错呢？因为定位理论与传统的品牌、战略、营销理论差别很大，甚至完全相反。定位理论在很多时候与我们的感觉也是相反的，假如没有充分理解定位，在实践中很有可能会不自觉地走到定位的反面去，从而出现一用就错的情况。

定位十问之七：为何非企业高管也有必要学定位？

答：企业的品牌、战略问题，决策权属于谁？当然属于包括董事长、总经理在内的企业高管，那是否非高管就没有必要学定位了呢？答案显然是否定的。非高管甚至普通员工学习定位，就能更好地理解企业的品牌、战略策略，更能自觉地在自己的工作中配合企业品牌、战略的实现，也能更加敏锐地发现企业在品牌、战略层面存在的问题，进而提供自己的建议，这样更能体现自身价值，为企业创造价值。

定位十问之八：有说"定位简直就是万金油"，是否有道理？

答：定位能够解决企业的品牌、战略层面的问题，这是企业最高、最根本的问题。企业是当今经济社会的细胞，它的影响无处不在。政府要帮助解决企业问题，为企业发展创造良好环境；学校教书育人，一个很重要的指导原则就是要培养适合企业的人才；学生毕业后，大部分人会到企业工作；员工在企业工作，要看懂企业问题，为企业解决问题。定位正是看懂企业问题最好的工具，因此定位几乎有益于任何主体分析企业，只不过角度不同而已。

除此之外，定位也可用于包括家庭、个人学习、职业发展等众多企业之外的领域，在这些领域，定位具有一定的价值，因此说"定位简直就是万金油"，是有道理的。

定位十问之九：里斯和特劳特究竟谁才是真正的"定位之父"？

答：里斯于1963年最先开始定位事业，1968年特劳特加入里斯公司，任职客户经理。两人合作了25年，于1996年分开。在这25年里，两人共同将定位理论推到新的高度。两人分开后，又各自率领自己的团队，在定位研究领域取得了成绩。因此，可以说定位发展到今天的高度，两人均居功至伟。他们两人都是定位领域的大师。

定位十问之十：为何学习定位，需要参加定位培训？

答：定位源于美国，里斯和特劳特的20多本著作中所列举的案例，基本来自于美国，这对于中国定位学习者来说有一定的隔阂。因此，在定位培训课题上，老师会列举很多本土案例，这对更好掌握定位理论显然是必要的。在培训课堂上，会有很多学员通过对定位理论、案例的讨论，共同得出结论，然后与老师互动，这个过程非常重要。

事实上，对于有志于研究定位，有志于经营、管理企业的人士来说，花点时间走进定位培训课堂是完全必要的，其投入的成本会在较短时间里得到回报。

以上即定位十题问答，在学习、研究定位过程中可能还有更多的问题，而正是在不断解决问题的过程中，才会对定位的理解不断深入、全面。因此可以说，上述定位十题问答就是进步的开始。

定位无处不在（一）

定位发源于美国，帮助美国打造了无数著名品牌，定位距离我们究竟有多远呢？接下来本书运用定位理论解读身边的企业与品牌，当然还有我们身边更多与企业无关的事。

在定位界，无论是培训还是咨询，都经常以可口可乐、百事可乐、宝洁、吉列（剃须刀）、微软、苹果、英特尔、柯达、诺基亚、索尼、松下、任天堂等国外大公司、大品牌，以及国内的方太（厨具）、格力（空调）、万科、万达（地产）、王老吉（凉茶）、劲霸（男装）、香飘飘（奶茶）、长城汽车、康师傅、统一（方便面）、露露（饮料）等较有影响力的公司、品牌等为案例，进行对（类）比讲解，以求受众更好地掌握定位。久而久之，在初学者看来，只有企业到了一定的规模才能定位，或者说定位是大公司的事，小公司无须定位。

其实，定位无处不在，无论大小，运用定位理论同样可以很方便、准确地分析企业（品牌）。由于中小企业资源有限，应对风险的能力差，更应该用定位来指导制定战略，打造品牌。本书将陆续讲述在日常生活中观察到的定位案例，用定位理论分析纷繁芜杂的企业界。

在天津静海县开发区东区有家占地 100 亩左右的企业——天津双蚨隆实业有限公司，这是家专做肉制品的公司。且不说在天津，肉制品企业毫无地域优势可言（四川、河南、浙江等广泛饲养生猪的地方，具有生产肉制品的地域优势），单就其品牌名"双蚨隆"来看，其中的"蚨"字是"虫"字旁，"虫"字旁对于食品企业来说是大忌。恰好笔者的一个朋友应聘到该公司担任副总裁，另一个朋友担任财务总监，笔者便将上述情况对他们说了，希望他们向公司反映此情况，修改品牌名称，否则公司的前途堪忧。可是这个名字没有更改，最终企业每月亏损 200 万元。企业从投产到破产前后不足一年。

无独有偶！

河北省有家"蓝猫"集团，专做饮料，据说年销售额已达到 5 亿元，但品牌名"蓝猫"也是该企业做大的障碍。最近该企业在央视还做了广告，广告最后是一只猫"喵喵"地叫了两声。显然以"蓝猫"为品牌名是做不成大的饮料品牌的。

在定位里，品牌名字是一大学问，应该上升到战略层面来考虑，绝非随便弄个名字就行得通，更不要说食品企业的品牌名中有"虫"字旁、用动物来作为品牌名了。

天津市南开区迎水道与华苑路、梅苑路交口，六七年前"人人乐超市"进驻，大约三年前"物美超市"进驻。两家超市相隔一条马路。人人乐楼上楼下共三层，物美仅地下一层；人人乐的口号"天天低价"，物美的口号"物美价廉"；进入人人乐，不管是否购物，都要绕一大圈才能出来，进入物美，同样也要横穿超市才能出来。商家的用意一目了然。物美刚开业时，笔者就预言它的生意不如人人乐。2010 年笔者还给物美的董事长发过一封邮件，表明了自己的观点。在 2011 年 11 月 15 日的一次定位培训课首次公开进行了预测。

时至今日，任何时候去看物美的生意都不如人人乐，甚至差距很大。这是为何？因为物美进驻的时候，人人乐已经占据了客户的心智资源；同时，物美和人人乐两家品牌的影响力基本上属于同一的当量，要想让习惯在人人乐购物的顾客，转到物美几乎是不可能完成的任务。除非是沃尔玛、家乐福这样的巨型、跨国且品牌影响力超群的品牌，因为人人乐和沃尔玛、家乐福的综合实力不在一个当量上，沃尔玛、家乐福可以调动很多资源来改变顾客心智中的原有认知，比如长期低价促销，逼迫供应商在自身和人人乐之间做出选择，营造更好的购物环境，高薪聘用更优秀的店员，等等，用不了多久顾客就会流向沃尔玛、家乐福。然而类似动作，物美就不敢做。

近几年有个价格很高的牙膏品牌异军突起——云南白药牙膏。2010 年云南白药牙膏在央视做广告，代言人是长着一口好牙的濮存昕，当时的广告主题是"越来越多的人都在用云南白药牙膏"。看到该广告后，笔者给云南白药公司写了封邮件："这个广告的诉求是错的，事实上消费者并未感觉到'越来越多的人在用云南白药牙膏'，云南白药牙膏的诉求重点应该是'白药'，要找到这个牙膏品牌相对于其他品牌的差异点是什么。"没过多久，仍然是濮存昕代言的第二版广告出现了，主题改成了"全优护口，不怕口腔问题"。这个诉求就对了。

2012 年 4 月，笔者在北京的一次定位培训上，讲到了这个案例，有学员问："这个品牌的牙膏价格均在 20 多元，甚至 30 多元，消费者会认可吗？"我告诉他："从单管牙膏的价格来看，确实很贵，不过与口腔疾病明显影响生活质量相比，这个高价是值得的，而且即使一年四季都用云南白药牙膏，按平均两个月用一管牙膏计算，每年也就 100 多元，几乎任何人都能承受。"

2013 年春节，笔者回到四川农村老家，那一贯节约有余、慷慨不足的父亲居然用的是云南白药牙膏，笔者还调侃道："云南白药牙膏贵哟！"父亲道："贵点算啥嘛，管用就行！"正月初五到一个住在山上的亲戚家拜年，席间，两个穿着朴素、年龄在 60 岁左右的男人唠嗑，一个说："我记得你的牙齿不好使，但今天我看你吃菜一点事没有？"另一个说："我用的是云南白药牙膏，原来不敢喝冷水，去年用了一年，现在冷水随便喝，吃饭就更没有问题了，一点事没有！"连农村人都舍得花钱买云南白药牙膏，城里人更不用说了。

价格不是问题，关键在于是否符合定位。云南白药牙膏巧妙借用"云南白药"在消费者心中的强势定位，在所有牙膏品牌中一枝独秀，这是绝佳定位。试想，一管能治疗牙齿疾病的好牙膏，贵点不是正常的吗？假如比别的牙膏更便宜，反而不可信了。

春节期间，我也用了云南白药牙膏，没有药味，要我说，有点可以忍受的药味可能更符合定位。

2011年出差到山东德州，与几个老板一起吃饭，席间，听说一个老板的儿子最近刚跳槽到海信手机，笔者就告诉他："这个工作选得可不好，待遇不会高，发展前景也不会好！"该老板和他的儿子说："不会吧，海信可是大品牌哟！"我说："是啊，海信是大品牌，可是仅限于家电，在手机行业，海信这个品牌不但毫无优势可言，反而会阻碍海信手机的成功。因为消费者认为专做手机的厂家肯定比一个做家电的厂家要好，所以一旦买手机，肯定优先选其他品牌。"果不其然，海信手机在市场上几乎毫无影响力。

各位读者，你用的是什么手机？应该不是海信吧？

定位无处不在（二）

之前在"定位无处不在"的主题下，举了4个案例，接下来本书继续用身边或我们熟悉的案例来说明。

在天津南开土顶堤苑中路林苑北里前有家经营了很多年的超市——五和超市（以下简称"五和"），经营面积估计不到 1 万平方米，1999 年 11 月笔者第一次到天津时，它就存在了。十多年来，该超市外观变化不大，与新出现的大中型超市相比可谓"寒酸"，然而就是这个"寒酸"的超市不但顽强地生存了下来，而且时至今日，生意仍然很好。在 2003 年前后，距离五和 200 米左右，有家日资超市——大荣超市企图与五和共同分享王顶堤市场，然而大荣存在了一年左右便悄悄撤出。后来在五和 1 公里的范围内又陆续产生了家乐超市（后来被华润集团收购，更名"华润万家"）、鑫茂超市、百亮超市、人人乐购物广场、物美生活广场。这几家超市无论是规模还是装潢都远强于五和，然而它们依然奈何五和不得，五和仍旧"我行我素"地生存着，似乎丝毫没有受到任何影响。以至于熬到鑫茂、百亮都倒闭了。笔者估计哪怕这些超市把免费购物大巴摆在五和门前拉客，也未必能拿五和怎样！而且我们还暂时看不到五和有任何衰败的迹象。

原因是什么呢？

五和的历史相对更长，五和不但坚持超市一贯低价的经营模式，而且将这种经营模式发挥到极致，五和的口号"敢与任何超市比价格"、"买贵了返差价"，早已深入人心。为了保持价格优势，五和的"寒酸"反而成了优势，因为"寒酸"也是五和低价的原因之一。五和的售货人员，几乎"清一色"是四五十岁，甚至更大年纪的中年人，年龄上不占什么优势，但他们的学历、工资相对更低，他们在乎这份工作，原意为这份工作付出努力。形象方面，他们没有笔挺的工作服，只有油迹斑斑、质量低劣的白衬衣，里面还套着一件黑秋衣，或者白衬衣外加一件司空见惯、毫无特色的深色西服。在五和不但设有常规超市的货品，还有药房、家具、眼镜、五金、书籍等别的超市没有或少有的品类，不过五和没有家电、电脑等中高端电器品类。基本上日常生活所需的一切物件，甚至在别的超市未必能买到的，在五和都能买到，而且对于价格，顾客的心里很踏实，以至于家里有人问"你这东西买贵没有？"只要回答一句"五和买的"，对方就保证无话可说了。

这就是五和，牢牢占据消费者心智资源，毫不起眼，却又顽强到极点的超市。也许五和的经营者不懂定位，不懂运营配称，然而五和很好地执行了定位的原则，拿定位专业术语说就是"暗合了定位"。

2011 年 3 月，天津南开迎水道与中孚路附近，有家烘焙店——香乐士悄悄开业了，其店面面积、装潢等与同属烘焙行业的好利来、津乐园属同一层面。香乐士是一个总部在北京的品牌。刚开始笔者并未注意，直到开业两个月后的一天该店打出了"18：30 后，所有商品一律 5 折"。于是笔者走进了香乐士购物，有了几次的经历后，笔者向店员递了一张名片："劳驾把我的名片转给你们领导，对你们店的经营，我可能能提出一些好的建议。"可惜的是，我并未等来香乐士领导的电话，却等来了 3 个月后香乐士倒闭的消息。

什么原因呢？

其实就在距香乐士大约 100 米远的地方有家津乐园——天津烘焙行业第二品牌，津乐园与香乐士经营品种雷同，因此香乐士要想立足，必须首先解决一个问题：凭什么把原本属于津乐园的客户拉到香乐士？如果香乐士不能解决这个问题，失败一定不可避免。任何企业都不是在真空中经营，仅仅满足顾客的需求远远不够，因为同时能满足顾客需求的不止一家企业，企业之间是一种竞争关系。

天津的市民很容易想到这些年冒出了很多五福西点、麦之田之类的烘焙店，而且生意还不错，读者不妨走进五福西点、麦之田，还有好利来、津乐园，一定可以发现前两者和后两者在经营品种上的显著差异，这些差异就是它们能生存下来的关键。比如需要订一个生日蛋糕，去好利来、津乐园是理想选择，肯定不会去五福西点、麦之田；而需要购买蛋挞、曲奇饼、泡芙之类的，就去五福西点、麦之田，很难考虑好利来、津乐园。顺便加上笔者妻子的一句话："好利来东西贼贵！"

近几年，出现了一个烘焙品牌——21CAKE，专门提供外卖烘焙服务，这是一个不错的定位，只要配称到位，完全能成为一个不错的品牌。

2014 年 7 月，我们公司组织员工到蓟县自驾旅游，当天下午到蓟县山里，住在一个农家乐旅店，傍晚，一个 60 岁左右的大妈骑着满载着各种山货的三轮车来到了院子里。我的同事很少有去询价的，当然也几乎没有人购买，偶尔去尝点葡萄干、西红柿干，大妈也是来者不拒，不但如此，还满面笑容，一副"想吃就拿，买不买没关系"的样子。笔者当时就有一种"刚到这儿，谁买啊"的感觉。第二天早上依然如故，直到第二天下午陆续有同事开始购买了，大妈一样的热情，如遇人购买，秤称得老好（反正不是自家种的，就是山里采的，也没啥本钱，多称点儿没关系），直到第三天，奇迹发生了。院子里来了三辆载着相似品种山货的三轮车，卖主都是中年男女，然而不管他们如何叫卖，不管如何低价促销，就是无人买，自始至终大妈也不曾叫卖，不曾促销，在一两个小时的时间里这几辆三轮车甚至没有开张，反观大妈的摊前，围满了人，大妈都忙不过来。在这两天半的时间里，大妈至少卖了2000 元的山货。这时，我们公司总经理突然叫了起来："刘老师，我终于明白什么是'定位'了，这位大妈已经牢牢占据了消费者'热情、诚信、勤奋'的心智资源，而通过对比，给其他竞争对手贴上了'冷漠、投机、懒惰'的负面标签，所以顾客愿意购买谁的东西就一目了然了。"总经理是对的，这正是典型的、活生生的"定位"案例。

这个案例对我们的启示非常大，实战性也很强。比如空调厂家应该在什么时候做广告呢？是即将进入盛夏，还是炎炎夏日呢？最佳的选择是"竞争对手还没有宣传之时"。这时候做广告，费用低、噪音小，容易被顾客记住，这样当夏天（快）到来，需要购买空调时，宣传到位的品牌就会第一时间跳入顾客的大脑，于是顾客就会优先选购这个品牌。

顺便说一下，苏宁老板——张近东当年就是这样"玩"的。张近东"玩"法之高明，以至于当年很多卖空调的商家都看不懂。这个案例几乎对任何行业关于如何做宣传都有借鉴价值。

定位无处不在（三）

为了说明"定位无处不在"的事实，本书计划分三个小节来讨论。前两节分别列举了几个比较大的案例，也用了一定篇幅详细阐述。本节共列举 20 个左右的小案例，有的案例简单仅有一句话，甚至更少。

一是关于品牌名。名字是定位系统的重要组成部分，一个好的名字能够直达顾客的心智。我们身边很多畅销的商品，大多有一个好的名字，然而，你能将"芳临"当成一款好的饮料品牌，存进你的心智吗？这是一个来自东北的品牌，2012 年底，"芳临"在天津大规模打广告，广告费何止百万，然而即使专程到它大量做广告的超市，也未必能如愿买到，现在，好长时间没有看到这个商品的广告了，因为它早已退出市场了。你喝过"芳临"饮料吗？

前段时间路过天津体育中心，其旁边的场馆改成了电影院，名字是"农垦博纳国际影城"，难道"博纳国际影城"不好吗？少了"农垦"二字，不但读起来更顺口，而且难道你真的认为一个从事"农垦"业务的公司是经营影城的行家吗？还有晶弘冰箱、索伊冰箱，不但品牌名实在看不出什么意思，而且作为后来者，难道你相信它们能取代你心中已有的很多冰箱品牌吗？我不信！晶弘冰箱是格力旗下的一个品牌，格力操作空调水平这么高，为何操作晶弘冰箱就这么业余呢？最近看到董明珠亲自披挂上阵，为晶弘冰箱代言，难道董明珠能改变它最终被淘汰的命运吗？

当然，身边也有好的品牌名，比如"西贝"，原来的名字为"西贝莜面村"，现在是"西贝西北民间菜"。西贝老板名叫贾国龙，"贾"字拆开就是"西贝"，西贝——西北的宝贝也！读起来朗朗上口，也符合品类定位。很棒！

大家都知道的"背背佳"是绝佳的品牌名，产品不怎么样销量却很好（百度一下，直到现在网上还有很多负面评价），老板杜国楹、蒋宇飞赚得盆满钵满。而且"好记星"、"E 人 E 本"也是他们弄的，看来这个哥俩确实是取名字的高手啊！

二是关于语言的"钉子"。当有人向你提起来自中国宝岛台湾的魔术师刘谦时，你会想起他说的哪句话？是"见证奇迹的时刻到了"吗？这就是刘谦的语言"钉子"，怪不得只要刘谦出场，潜意识就会暗示："见证奇迹的时刻到了！"

在天津南开白堤路 236 号（南开大学西门斜对过），有家名叫"汇高花园"的四星级酒店，在大门口 LED 屏上"宴会之王，婚宴专家"8 个字不断滚动。笔者知道这家酒店生意肯定不错，老板定是经营高手。后来认识了该酒店老板，姓高，笔者说"您的经营水平很高啊"时，高老板问："何以见得？"笔者就说了这 8 个字，高老板"嘿嘿"地笑了。

听朋友说，在火车站看到过一个卖穿针器的小贩，其广告词是："回家给妈妈带一个！"街头不时看到有倒骑三轮车的小贩，是卖蟑螂药的，口号是"蟑螂不死，我死！"这些都是很棒的口号啊！

三是关于区域心智。要是有人问你："你认为成都能产好的红酒吗？"你很有可能会说："成都产麻将，怎么会产好的红酒呢？"所以，"成都红"排不进"中国红酒十大品牌榜"就是正常现象了。

要是再问你："中国哪个地方产酱香型白酒？"你肯定脱口而出："贵州！"所以四川做酱香型白酒的公司前途就很危险。

要是有人问你："你会认为西藏人是爬山高手吗？"你很有可能会说："当然啦，爬得比猴子还要快！"所以，西藏登山队是全国一流的登山队，当然西藏登山学校自然也是全国最好的登山学校。

要是有人问你："天津生产猪吗？"你可能会说："四川、河南，哦，还有浙江生产猪，怪不得黄浦江漂了这么多死猪哟！"所以天津一家做猪肉肘子、火腿的企业——天津双蚨隆实业有限公司，就活不了多长。事实上，该公司从建成投产到破产，前后大约一年，今天，该工厂还屹立在静海经济开发区北区，只不过早已人去楼空。

这就是区域心智对消费者的影响！

四是关于关联定位。定位里有种方法叫作"关联定位"。先来看下面的例子。

从天津自驾回成都，走京昆高速，会路过一个叫"唐县"的地方，在半山腰，面对高速，整齐地摆着11个斗大的字："白求恩精神永放光芒·唐县"，于是笔者记住了唐县，并且还相信在唐县肯定有白求恩战斗过的遗迹、博物馆、纪念馆之类的旅游景点。最近看央视，西藏自治区辖下有个地方——林芝，在做广告，广告语是这样的："畅游西藏，从林芝开始"，于是笔者记住了林芝，也相信既然西藏有美景，林芝的美景也一定差不了。

在上述两个例子中，唐县和林芝都巧妙地通过关联著名的人或物，让自己进入了人们的心智，而这种心智中的印象，必定为自己的发展带来效益。

　　五是关于视觉锤。以定位理论卓越继承人劳拉·里斯的著作《视觉锤》为标志，表明定位已经发展到视觉形象的新时代。

　　中国人最熟悉、最喜欢的视觉锤之一恐怕就是"飞虎队"机身上的"鲨鱼"标志了。记得学习初中的历史时，看到飞虎队的鲨鱼标志，其样子确实很吓人，以为这种飞机肯定很厉害，其实这款 P40 型飞机，是美国淘汰的战斗机型。不知道日本侵略者的飞行员们在空中见到这群鲨鱼，是否有被吓到？

　　米其林轮胎用轮胎堆成的可爱的卡通人形标志，还在向每一个见到的人打着招呼；央视焦点访谈的"眼睛"，真功夫中式快餐的"小龙哥"造型也已深入人心。对了，还有"打假先锋"王海的墨镜；经常拍让人看不懂的电影，知名导演王家卫的墨镜；策划"牛人"叶茂中那永远遮住眼睛的帽子。在笔者的记忆中，它们从来就没有被摘下来过，也不知道王海、王家卫长的是单眼皮还是双眼皮，叶茂中是否秃顶。当然还有赵本山土得"掉渣"的帽子，以至于在本山大叔早期的演艺生涯中，不戴这顶帽子就让人觉得始终差了点什么，而一旦戴上这顶帽子，本山的形象立即就丰满了。

　　你认为这些视觉锤是否有效地帮助他们进入你的心智，并长期占据？

　　六是关于运营配称。定位不是孤立存在的，要使定位成功，就需要一套有效的运营配称。

　　华苑高新区有家永和豆浆，为了提高销售额，这家店推出了早点。对于新业务，笔者向来都有强烈的好奇心。第一次走进永和，要了份早点，然而从点餐到菜品上齐，足足超过 15 分钟。你希望到一家 15 分钟才能上齐菜品的地方用早点吗？笔者肯定不会。现在的这家永和豆浆店，即使周边别的店都是高朋满座，它也照样门可罗雀，笔者就奇怪，它居然能坚持这么久。哦，对了，有一次早上乘坐地铁三号线，还看见永和豆浆店的一个小伙子在华苑地铁站摆了个摊卖早点呢！笔者还拍了张照片。看见永和豆浆在摆摊卖早点，你对"永和豆浆"会有怎样的品牌联想呢？永和豆浆这样的配称水平，怪不得生意这么差！

天津有家所谓的"某某精英商学会"，将活动地址选在外环线外超过10公里的偏僻的、既不豪华也不高档的一家工厂的办公楼内，你相信这是精英活动的地方吗？笔者是不信的。而且他们的口号是"我学习，我快乐"，这不是精英们的口号，这是自娱自乐。所以笔者仅仅去了两次，就再也不去了，浪费时间。

还有一家自称是天津经营最好的会馆，靠近天津外环，租了一个极其普通的地方作为经营场所。你相信这家会馆是天津最好的吗？笔者不信，所以让我缴会费时，我拒绝了。会费花费事小，时间浪费事大！

好的定位需要好的配称来支撑，同样地，通过看一个企业的配称水平，也可以看出这家企业的经营管理水平，对于该企业的未来走向就大致清楚了。

通过上面数个案例来阐述"定位无处不在"的事实，现在你相信了吗？从下面开始，我们一起探讨定位的其他问题。

定位：超越蓝海战略

《蓝海战略》曾在我国刮起过一阵"蓝海战略"风，直到现在仍未停下。《蓝海战略》是一本好书，它所阐述的理论给予我国企业界以启发，然而与"定位"理论相比呢？

2005年前后，从美国翻译到国内的一本书，引起了很大反响，一年之内重印了11次。该书也是全美乃至全球畅销书，已被译成近30种文字传播到世界各地。直到今天还有很多人会不时提起该书，当然有更多的人会引用该书所提到的概念。该书就是《蓝海战略》，而这个被经常提到的概念就是"蓝海"。笔者有幸是国内第一批读到该书的读者，记得当年也对它赞誉有加。尽管后来在工作中再也没有重读，也没有完全掌握它所讲的理论和方法，然而，它的影响始终存在，是潜移默化的。

在定位的环境里，也不时听到"蓝海"，当然更多是对蓝海的负面评价，普遍的观点是：蓝海最终会变成红海，在当代商业环境中，最重要的是要学会如何在红海里生存、发展，然而并无深入的探讨。

本节最初的题目是《蓝海战略与定位战略之比较》，在准备的过程中改成了《定位：远比蓝海战略更强大》，直至最后成文，才确定题目为《定位：超越蓝海战略》。显然这是一个容易被拍砖的题目，但不管你是否同意，这都是笔者的立场。下面，笔者就从一个新的角度来认识蓝海战略，当然也认识定位。

先来看看关于差异化和低成本的关系。《蓝海战略》认为，传统的"追求差异化战略意味着相应地增加成本"，或者说"差异化和低成本"在传统的经营管理里是不可能同时实现的，只有遵循了《蓝海战略》的原则，才有可能同时实现差异化和低成本。其实，差异化和低成本之间矛盾性的观点，正表明了《蓝海战略》对现代商战的误解。

截至目前，商业的演进大致经过了三个时代：第一个时代是工厂时代。在这个阶段，关键是解决生产的问题，或者说谁第一个，更好地解决了生产问题，谁就能从竞争中脱颖而出，于是我们看到福特由于最先解决了汽车大规模生产的问题，从而成为美国汽车业的"领导者"。第二个时代是市场时代。随着商品越来越丰富，仅实现生产是远远不够的，还要考虑顾客的需求。换句话说，谁能满足顾客的需求，谁就能在竞争中胜出。于是通用汽车公司针对福特的 T 型车只有一个颜色——黑色（福特 T 型车口号：你可以要任何颜色的汽车，只要它是黑色的），只有一个款式的现状，开发出了"适合每个钱包和目的的汽车"，于是通用取代福特，成为美国，乃至全球汽车业的霸主。这个阶段是以顾客的需求为导向。第三个时代是心智时代。进入这个阶段，我们发现有很多品牌的商品都能满足顾客的需求，因此仅仅满足顾客需求就远远不够了，最重要的是要在顾客心智中占据一个位置，一旦顾客有消费的需求，首先想到的是你的品牌（名）。在这个阶段，顾客被各种信息包围，疲于应付。顾客无法记住，也不愿记住商品生产方的更多信息，只能记住品牌。这个阶段是竞争导向。

据此，我们可以得出这样的结论：产品本身是否有差异并不重要，重要的是在顾客的心智中产品是否有差异。因此即使在物理层面毫无差异的产品，在顾客心智中也可能创造出差异。比如加多宝公司经营的"王老吉凉茶"，2002 年前，这个产品是一个不但不畅销，甚至面临淘汰的产品，年销售额 1 亿元多一点，而且连续 5 年在这个水平徘徊，产品难以走出"两广"（广东、广西）地区。然而同样的配方，同样的名字，甚至同样的包装，更高的价格，为何加多宝一飞冲天成为中国灌装饮料第一品牌，年销售额超过 200 亿元，同时也开创了一个新的品类——凉茶。

以 2002 年为"分水岭"，加多宝凉茶在顾客心智里实现差异化了吗？当然实现了，但凉茶的生产成本增加了吗？当然没有。

下面不妨用定位理论分析一下《蓝海战略》提到的部分案例：

案例一是"太阳马戏团"。《蓝海战略》认为与传统的马戏团相比，太阳马戏团不再把传统的马戏团当成仅有的竞争对手，因为"太阳马戏团吸引的是一群崭新的顾客：成年人和商界人士"，"太阳马戏集合了马戏和戏剧的最佳元素，而去除或减少了其他种种元素，开创了蓝海，创造了一种与传统马戏和戏剧都迥然不同的、崭新的现场娱乐形式"。然而，"太阳马戏，在经过一系列的剔除、减少、增加、创造的举措后，还是不是马戏呢？也许该算戏剧？如果是戏剧的话，又属于哪类——是百老汇舞台剧，还是歌剧，还是芭蕾？没人说得清，太阳马戏跨越种种的演出形式，重构了演出的元素，最后，它跟哪个都有点像，又都不完全像，它开创了蓝海，创造了崭新的、无人争夺的市场空间。"通过以上举措，太阳马戏在竞争中脱颖而出，开创了一片崭新的蓝海，获得了非常可观的利润。

通过太阳马戏案例，《蓝海战略》的作者充分地阐述了开创蓝海的动作框架，即剔除（哪些被产业认为理所当然的元素需要剔除）、减少（哪些元素的含量应该被减少到产业标准以下）、增加（哪些元素的含量应该被增加到产业标准以上）、创造（哪些产业从未有过的元素需要创造）。

如果用定位分析，如何才能让太阳马戏从竞争中脱颖而出呢？

按《蓝海战略》所述，马戏在人们生活中所占地位越来越小，马戏这个品类也正变得越来越小，因此，一来太阳马戏从众多的马戏品牌中脱颖而出尚属不易，二来即使其成为品类领导者，价值也有限。因此更好甚至唯一的办法是重新定位马戏，这就要从更大的层面来考虑"马戏"这个品类。从更大的层面看，马戏和戏剧、舞台剧、歌剧、芭蕾、电影等一样，同属于"娱乐"，假如将马戏定位为娱乐，那考虑的问题就变成了"如何从众多的娱乐项目中脱颖而出"。只有这样，马戏才有生命力，也才有更好的发展前途。而如何才能脱颖而出，显然既要借鉴各种娱乐项目的优点，也要保持自己的特色，即差异化。因此最后经过创新的太阳马戏团，一定不像戏剧、舞台剧、歌剧、芭蕾、电影等众多娱乐项目中任何一种，而是具备独有的特色。

显然，用定位理论来分析问题，太阳马戏团的发展方向也几乎顺理成章，毫无疑问。

案例二是美国西南航空公司。《蓝海战略》中西南航空公司打破了顾客在飞机的速度与汽车旅行的经济和便捷之间所必须做出的权衡取舍，从而开创了一片蓝海。为此，西南航空公司向顾客提供高速航运服务，在起飞班次上频繁而灵活，票价对大众买方也具有吸引力。通过剔除和减少传统航空业的某些元素，增加另外一些元素，并对汽车旅行这一他择性产业兼收并蓄，创造新元素，西南航空公司向乘客提供了前所未有的功用，同时保持了低成本结构，从而实现了价值的飞跃。西南航空公司的口号也很棒"飞机的速度，驾车旅行的价格——无论你何时需要它"。

其实美国西南航空公司的例子，本身就是用定位思维打造的经典案例，但用定位理论来分析，其实无须这么复杂。

几乎任何一个行业都会有高、中、低端之分，航空业当然也不例外。既然大部分的航空公司都集中在比较窄的区域竞争，如果西南航空公司定位没有差异，美国的航空业无非就是多了一家参与竞争的航空公司而已。而以西南航空公司的实力，显然不具备定位为高端航空公司的可能性，唯一的选择就是"低价航空"。这是顺理成章的！既要低价，又要利润，必然在运营方式上与其他航空公司形成差异，于是自然就有所谓的剔除、减少、创造、增加等一系列的举措，在定位里称为"战略配称"。

这些难道不也是顺理成章吗？

案例三是汽车产业的发展历程。汽车是以奢侈的新潮产品面世的，彼时的汽车性能不可靠，又昂贵，价格在1500美元左右，是普通家庭收入的两倍。从情感上，公众对汽车的反感与憎恶极其严重。汽车被市场接受，一个很棒的口号功不可没——没有马的马车。从定位角度看，当然也很棒，不过却远没有到惊世骇俗的程度。

此时，从定位角度看，最大市场的机会在哪里？当然是定位在相反方向的汽车——便宜、性能可靠，所以福特的T型车一定是个具有巨大市场前景的品类。T型车价格从1500美元的一半开始不断降价，直到290美元，甚至比马车价格400美元还要低。T型车同样有一个很棒的口号——低价的汽车，高超的质量。为了适应大规模生产的需要，T型车只有一个款式，一个颜色——黑色，所以福特还有一个口号——你可以要任何颜色的汽车，只要它是黑色的。依靠T型车，福特的市场份额从1908年的9%扶摇直上到1921年的61%。

面对福特的强势，它的竞争对手——通用汽车公司，应该如何出招，才能抓住更好的机会呢？显然还是相反的定位方向——满足顾客不同需求的汽车，于是通用引入了"为每个钱包，每个目的准备的汽车"，更有趣、更令人激动、更舒适、更时尚的汽车诞生了。它会畅销吗？当然！通用的市场份额从20%增长到50%，而福特的份额则从50%跌到20%。

逐渐，通用开创的"蓝海"逐渐变成红海了，这当然也是规律，那接下来市场方向又在哪里呢？当然还是相反的定位方向——小型、节能的汽车。于是，美国汽车市场成为了日本人的天下，这个方向有任何问题吗？当然没有。这是必然的！

此时，美国汽车市场的突破口又在哪里呢？当然是福特、通用，以及日本汽车公司没有注意到的领域（否则就是自寻死路），于是克莱斯勒的迷你厢车横空出世了。这款车型满足了美国核心家庭一家人再加上自行车、狗和其他必需品的需求，此外，迷你厢车开起来也比驾驶卡车或厢车更容易。这显然是一个很大的品类，所以畅销也就是必然。靠着这款车型，克莱斯勒重新跻身三巨头行列，不出三年，克莱斯勒从迷你厢车这项业务就赚得15亿美元。

需要说明的是，今天SUV（运动型多用途汽车）的繁荣，部分程度要归功于迷你厢车的成功，当然这是另一个话题，在此不表。长城汽车公司靠着聚焦 SUV 成为中国最赚钱的汽车公司当然就没有什么令人吃惊的了，这，仍然是必然，而且长城汽车很有可能会持续火爆，成为出口发达经济体市场上一支重要的力量。

以上都是用定位理论在分析，没有借用《蓝海战略》的任何理论，顺理成章吗？当然！通过这 3 个案例，举一反三，我们应该可以得出结论，《蓝海战略》所阐述的理论，并无不得了之处，用定位理论分析反而更简单，还能更好。

从"定位"角度看，依据《蓝海战略》所开创的蓝海，类似于定位里的"新品类"。在品类打造品牌的方法，与老品类推出新品牌相比，有比较大的差异。例如，如何判断推出的新品类是否符合品类发展方向？开创新品类有哪些有效的方法？如何判断一个新品类的成长空间有多大？如何让新品类与老品类保持协调，并真正让新品类成为顾客心智中一个具有相当影响力的品类？如何为新品类定位？推出新品类有哪些注意事项？随着竞争对手的出现，如何确保始终主导新品类？……显然这些问题都是《蓝海战略》没有告诉我们，或者可能没有解决的，然而在定位理论里早已得到解决，并依此打造出了很多强势品牌，我们身边的例子就有王老吉（加多宝）凉茶、真功夫中式快餐、香飘飘奶茶、长城 SUV 等知名品牌，以及还有很多正在成长中，暂且尚不为人所知的品牌。因此用定位理论来开创蓝海，不但能做到，而且应该还能做得更好。

事实上，不管企业开创的蓝海有多优秀，有多么难以被模仿，然而根据商业的发展规律，任何蓝海都不可能被一家企业所独享，况且任何只有一家企业独享的蓝海，都不具备广阔的市场前景，也难以在顾客心中占有重要地位，因此蓝海终将变成一片红海。那时，企业又该如何面对呢？是继续开创蓝海，还是学会在红海里生存、发展。显然按照《蓝海战略》对蓝海的定义：蕴含庞大需求的新市场空间。开创蓝海的条件苛刻，企业更多的是要学会如何在红海里生存、发展，这时《蓝海战略》所告诉我们的道理就不够了，最有用的还是定位！

尽管笔者认为定位总体上超越《蓝海战略》，然而《蓝海战略》仍然为我们展现了一些很有用的方法、工具，比如如何画出战略布局图，并用战略布局图来分析问题；指导蓝海战略的成功制定与执行的六项原则，以及这些原则所减低的风险（重建市场边界、注重全局而非数字、超越现有需求、遵循合理的战略顺序、克服关键组织障碍、将战略执行建成战略的一部分）；为了重构买方价值元素，塑造新的价值曲线而提炼出的四步动作框架（减少、剔除、增加、创造）；如何使战略视觉化（视觉唤醒、视觉探索、视觉战略展览会、视觉沟通）；构建蓝海战略的顺序（买方效用、价格、成本、接受）；在执行蓝海战略过程中，如何克服组织障碍，如何将战略执行建成战略的一部分，何时该重启蓝海战略……这些都对丰富定位理论具有重要价值，也使定位在打造强势品牌方面增添了更多的理论、工具和方法。

德国管理学教授赫尔曼·西蒙经过研究发现："德国之所以能够成为世界顶级出口大国、世界经济强国，其中流砥柱并非西门子、拜耳、奔驰等这些人们耳熟能详的名字，而是一些寂寂无名的中小企业，他们是隐形冠军。"

最后，我们借用德国顶级企业教练、企业家年会主席史蒂夫·迈哈特的一句话结束本节："怎样才能消除竞争呢？这很简单，只要通过更好的战略和定位就可以做到这一点。"希望更多的企业家、经理人学习定位，运用定位。

定位让你的企业、事业、生活更精彩。

第二部分　用定位巧看世界

重新定位天津旅游

天津在央视隆重推出旅游宣传广告，口号是"天天乐道，津津有味"，在这个主题下去展现天津的方方面面。然而如何看待这个广告的价值呢？如何定位天津旅游呢？对于一个地区、城市，应该如何定位它的旅游呢？

2013年4月，天津市在中央电视台《新闻联播》前1分钟左右推出了"天天乐道，津津有味"为主题的15秒旅游宣传片，画面背景有盘山、天津城市、天津夜景、古文化街、五大道、天津之眼、基辅号航母、海洋馆、豪华邮轮等，宣传片的结尾仍然是众所周知、千篇一律的"天津欢迎你"。

假如在中国老百姓中做个问卷调研（包括天津市民）："请问你心中的中国十大旅游城市是哪些？"天津基本上进不了前十，而北京、上海、杭州、成都、西安将几乎毫无疑问会成为前十的成员。

笔者在天津工作生活了11年，常常感觉天津没啥好玩的。周围的朋友也有这样的感觉，或者再推而广之，在天津的很多人都有这种感觉。天津旅游宣传片中的旅游景点是好的景点吗？是，但很难算顶级旅游景点。一个4A景点和5A景点对游客的号召力完全不在一个数量级上。

难道天津真的没有强大的，独一无二的，甚至超级旅游资源吗？

中国各地旅游城市（景区）普遍选择在央视早晨七八点钟档的《朝闻天下》栏目中穿插做宣传广告，显然天津市在央视《新闻联播》前做广告，是不错的选择，效果肯定要好很多。不过该条广告基本上仍然停留在"提醒"的层次，即告知潜在游客可以到天津旅游，然而"天天乐道，津津有味"并非独特的诉求点，或者说该诉求点并不能在潜在游客心智中留下深刻烙印。不信可以在非天津市民中做个问卷调研："请问你认为哪个城市（景区）的宣传口号给你留下了深刻印象？"不出意料，"天天乐道，津津有味"应该难以胜出。相比之下，笔者认为西藏林芝市的宣传口号"畅游西藏，从林芝开始"有特色；西安的口号"品味西安，感知中国"更有神来之笔之感。西藏有美景，"从林芝开始"，自然林芝也有美景，而且林芝的美景应该在西藏的旅游资源中具有代表性。西安的口号更是非常鲜明地道出了西安旅游的特色所在，更道出了西安旅游的品位高度。

2010年天津市提出"将进一步深度挖掘、整合、提升旅游资源，在精心打造'近代中国看天津'文化旅游核心品牌的基础上，力推'都市观光游'、'海河风光游'、'滨海新区游'和'山野名胜游'，共5个旅游品牌。"2008年北京奥运会吉祥物福娃有5个，请问你能分清5个福娃对应的名字吗？心智疲于应付，心智容量有限，心智喜欢简单。假如天津市推出5个旅游品牌，还不如重点推1个，通过这1个拉动其他4个。况且，"都市观光游"，对于国内外游客有较强的号召力吗？天津的都市风光能胜过其他城市吗？一个现代化的都市对于高端旅游人群具有很强的吸引力吗？答案恐怕不容乐观。其他4个所谓的旅游品牌也存在类似问题。这些旅游定位是我们心中的定位，是"我们有这些旅游资源，所以我们向你推荐"，可惜的是这些定位并不符合潜在游客的心智实际，也没有考虑到其他城市的竞争问题。

那么，天津的旅游定位究竟应该是什么呢？答案应该从天津的历史中去寻找。

翻开天津历史，明永乐二年十一月二十一日（1404年12月23日）正式筑城，尽管截至目前，天津城市的历史仅有610年，在号称"五千年华夏文明"的中国算不得什么？但是天津是中国古代唯一有确切建城时间记录的城市。而且天津城市的历史具有鲜明的特点，比如漕运、军队、河海、商业、工业、金融、内外战争，以及与古都北京的密切关系，等等，直至今天，天津城市中仍然有无数可以清晰记录610年历史的遗迹，而有很多遗迹在中国是独一无二的。

"百年中华看天津"早已是中国人的共识，在这方面几乎没有任何城市可以与天津媲美。自鸦片战争起，到1949年中华人民共和国成立，100年天津的历史几乎就是100年中国历史的缩影。鸦片战争、禁烟运动、洋务运动、小站练兵、义和团运动、军阀混战、欧美列强侵略中国、九国租界、辛亥革命、抗日战争、解放战争，以及近代中国工业、商业、金融业等的发展。数以百计的下野官僚政客以及清朝遗老进入天津租界避难，并图谋复辟。孙中山、周恩来、张学良、梁启超、严复、李叔同、曹禺、张伯苓、霍元甲，以及美国前总统胡佛及国务卿马歇尔等无数政界、商界、文化界的巨擘在此留下深深烙印。中国历史上寿命最长的一张报纸，至今仍在香港出版，发行到世界100多个国家和地区，1996年被联合国推选为全世界最具有代表性的三份中文报纸之一的《大公报》，正是出自天津。

"600载城市风云，鉴证中华百年"，这就是笔者对天津旅游的重新定位。简单、真实、显而易见、独一无二，意料之外，情理之中，而且这一定位可以持续下去，在很长时间里也不必考虑重新定位，这个定位经得起时间的冲刷。

北京会抗议吗？客观来看，天津的旅游资源当量是不能和北京相比的，因此天津在旅游上不能和北京直接竞争。显然"600载城市文明，鉴证中华百年"并未和北京丰富的、超过2000年历史的世界级旅游资源形成竞争，因此北京不但不会抗议，还会因为身边多了一个具有明确的、独一无二定位的城市而吸引更多游客，这样一来北京的旅游资源一定会增长。当然河北省也不会反对，因为河北省的旅游打的并非"历史牌"，而是"自然牌"。

按照新定位，天津又如何在运营配称上强化定位呢？

天津需要充分挖掘、整理历史遗迹，按照清晰的脉络，打造独一无二的、具有强大号召力的旅游景点（不能在"古老"上做文章，而要在"特色"上下工夫，因为"古老"并非天津历史的特色）；天津可以重新拍摄旅游宣传片（注意要提到与北京地理的关联，便于帮助游客下决心）；天津可以邀请国内外重要媒体来津采访、报道，形成良好的公关效应；天津可以邀请国内外具有较大影响力的旅行社负责人到天津参观、考察；天津可以免费培训1万名国内外能完整讲解天津的优秀导游；天津可以与北京、河北的政府、旅游机构合作，促成到北京、河北的游客分两三天时间到天津旅游；天津可以承办与旅游有关的重大会议、活动；天津可以优先到欧美发达国家宣传推广，形成良好的势能效应（注意要提到与北京地理的关联）；天津还可以向相关省市借调自明朝朱棣起，能见证近代中国历史的有关文物到天津展览；等等。总之原则上能强化天津新定位的事情都可以考虑去做，并做好。

天津现有的，与天津新定位关系不大的旅游景点会萧条吗？不会，因为吆喝什么与卖什么是两回事，就像狗不理吆喝的是包子，而卖的是一个以包子为特色主食的酒店；桂发祥吆喝的是十八街麻花，而卖的是各种点心、零食，其道理是一样的。只要游客到了天津，大把花钱之处未必与新定位有关。可以预料这些景点不但不会萧条，反而会有更好的旅游收入。当然整个天津市、天津人民才是天津旅游新定位的最大受益者。

假如天津执行这一新定位，不出十年，天津完全可能成为闻名国内外的旅游强市。

定位——帮你看透工作

在这个公司的力量改变世界的时代，绝大多数人的一生都会与公司、与工作紧密联系，找到一份好工作对于个人，乃至家庭的幸福都是重要的。那么，是否有办法看透你天天都要面对的工作呢？以下是笔者曾经做的一篇题为《定位——帮你看透工作》的报告，希望能够为读者提供借鉴。

各位 MBA 的伙伴们：

下午好！今天我报告的题目是《定位——帮你看透工作》。

非常高兴借第二届天津 MBA 职业洽谈会暨职业发展研讨会之机，与大家相聚。MBA 毕业生也涉及就业问题，如何看透一份工作，需要多方面的信息，然而其中也是有规律可循的，只要遵从这些规律，就能更加轻松、准确地看透工作，从而更好就业，实现个人价值。

我要说的这个规律就是"定位"（positioning）。"定位"是 1969 年由两位美国年轻人艾·里斯和杰克·特劳特首先发现的，于 2002 年引进中国，经过在中国十几年的发展，已生根、发芽，并在一定程度上开花、结果，获得越来越多的企业认可。本人研究定位已经整整 10 年，并为超过 20 家企业提供定位服务，获得一致认可。

截至目前定位理论已经历四代，即定位、营销战、聚焦、分化。定位来源于实践，又指导实践。40 多年来已经帮助了无数企业获得成功，国外的案例有 IBM、西南航空、百事可乐、宝洁、汉堡王、施乐、宜家等《财富》五百强企业，国内的案例有王老吉（加多宝）、东阿阿胶、劲霸男装、香飘飘奶茶、方太橱柜、九阳豆浆机、乌江涪陵榨菜、长城汽车、真功夫中式快餐，等等。

从上面介绍可知，定位主要用于指导企业经营，今天我是首次尝试用定位指导就业，因此今天的报告可能是中国首创。希望对 MBA 伙伴们的就业，对企业界、猎头界都有所启发。

1. 专业化经营的企业原则上是好企业

关于多元化与专业化之争由来已久，然而大部分的争论其实并未看到问题实质，并未系统分析历史数据。以 2011 年中国企业五百强为例，排名前十的多元化企业平均利润率为 2.6%，而专业化企业平均利润率达到了 9.4%，后者是前者的 3.6 倍。利润率倒数前十企业的都是多元化经营。在此需要说明的是：我将进入 3 个无关领域的企业看作是多元化经营。

从定位角度看，专业化经营的企业，具有很多优势。目前全球的企业经营主要有以日本为代表的多元化经营（J 模式）和以美国为代表的专业化经营（A 模式）。有机构统计了 1995 年美国、日本企业前一百强，发现美国企业前一百强的平均利润是日本企业的 6 倍。

20 年来日本企业越来越不如美国企业，一个很重要的原因就是日本企业大多是多元化经营。大家有兴趣的话，可以读读由迈克尔·波特写的《日本还有竞争力吗？》这本书，该书部分回答了日本经济、企业所存在的问题以及解决问题的方法。

因此，我们有理由说："专业化经营的企业原则上是好企业。"利用此条，就能比较在不同企业间决策。

2. "具有颠覆性创新的下一代产品"常常不在传统强势企业

颠覆性的创新与现有主流产品相比，常常需要差异很大，甚至完全不同的思维、行为方式，在上一代产品起主导作用的企业，其企业文化难以跟上下一代产品的步伐。比如在传呼上称雄的MOTO，在手机上落伍；在传统手机上领先的诺基亚，在智能手机上落伍；在台式、笔记本电脑上占主导的惠普、戴尔、联想，在平板电脑上落伍；在胶卷相机上领导世界的柯达，在数码相机上落伍。我们还可以预测在传统店铺起主导的苏宁、国美，很有可能在电商时代落伍；在互联网时代领先的搜狐、新浪，有可能在移动互联网时代落伍。相反，颠覆性的创新常常在小公司，比如当年的国美、苏宁相对于百货商场就是小公司，阿里巴巴相对于实体店铺也是小公司，腾讯相对于门户网站还是小公司。

因此，假如某一家企业在上一代产品做得很成功，那就要警惕这家企业很可能不能跟上下一代产品的步伐，无论是找工作，还是寻找合作伙伴，都要加倍小心。

3. 不能挤进行业前三的品牌，前途堪忧

企业界有个规律，原则上行业第一的品牌，其市场占有率为第二名的两倍，第二名的市场占有率又是第三名的两倍，以此类推。比如行业第一名市场占有率为40%，则第二名为20%，第三名为10%，第四名为5%。可见，假如品牌不能挤进行业前三，在市场上会被动。在这样的企业工作，前途堪

忧，严重时候甚至连发工资都会成问题。我们要理解杰克·韦尔奇所倡导的"数一数二"背后的道理。

需要强调的是，行业排名常常比较稳固，后面的企业要想挤掉前面的企业，需要数以十年计的努力，除非领先的企业自己犯错误。因此假如企业在招聘时承诺："我们会在短时间内在竞争中胜出"，常常是一厢情愿，需要当心。

4. 多种产品共用一个品牌的企业，经济效益常常不好

多种产品共用一个品牌，这样的品牌影响力常常是虚弱的，因此这样的企业尽管表面上看起来红红火火，其财务数据未必好看。好的品牌策略应该像宝洁那样，不同的产品使用不同的品牌名，比如光洗发水就有海飞丝、潘婷、伊卡璐、沙宣、飘柔等，2011年中国洗发水品牌10强排行榜，宝洁旗下品牌占据4席。如果在宝洁工作，收入一定是很有保障的。相比之下，日本企业常常是一个品牌名涵盖无数种产品，比如索尼、夏普、松下，等等，2012年底的一天，这三家公司信用指数被评为垃圾级别，以至于包括这三家公司在内的日本众多企业，获得利润已经是一个艰难的目标。因此，在这些企业期望获得发展，常常是奢望。

因此我们看待身边的企业时，要注意该企业是多品牌经营，还是多种产品使用同一个品牌名，这在判断企业好坏时很管用。

定位用于看透工作的方法还有很多，由于时间原因，今天只能到此，有兴趣的朋友还可以自行研究，并欢迎与我继续探讨。

祝大家工作顺利，家庭幸福，谢谢大家！

凭什么走红——用"定位"分析 《星光大道》明星走红的规律

《星光大道》造就了诸如李玉刚、凤凰传奇、玖月奇迹、阿宝这些草根明星，他们的命运因《星光大道》而被彻底改变。然而，在《星光大道》亮相，甚至取得好成绩的草根还有很多，他们为何没有走红呢？

《星光大道》是央视于 2004 年 10 月推出的一档大型综艺节目。该节目按层层递进的形式依次播出周赛、月赛、年赛，最后诞生年度总冠军。《星光大道》力争以"百姓舞台"为宗旨，突出大众参与性、娱乐性。力求为全国各地、各行各业的普通劳动者提供一个放声歌唱、展现自我的舞台。

《星光大道》以新颖的设计，加上主持人高超的控场能力，逐渐成为央视一档高收视率的节目。截至 2012 年，诞生了 8 组冠亚季军，共计 24 个（组）选手。现在就用"定位"重点分析历年冠亚季军选手在星光大道之后走红的规律，从而更加深刻理解定位。

以当下这些选手在演艺界的知名度、活跃度，在一线的显然是阿宝、凤凰传奇、李玉刚、玖月奇迹，其他选手或稍逊一筹，或很难再见其踪迹。这 4 个（组）选手星光大道的年度决赛排名，如下表所示。

表1　2005~2012 年星光大道前三名一览表

年度	冠军	亚军	季军
2005	阿宝	凤凰传奇	额尔古纳乐队

续表

年度	冠军	亚军	季军
2006	茸芭莘那	郝歌	李玉刚
2007	杨光	张芯	蚂蚁组合
2008	金美儿　张羽　玖月奇迹	李晨　马广福	猎户座
2009	旺姆	关键	刘向圆
2010	刘大成	旭日阳刚	石头　苏丹
2011	刘赛	无名组合	娃娃
2012	安与骑兵	云飞	雪儿　周艳

假如"更好"胜过"独特"，显然最容易走红的应该是冠军，其次是亚军，最没有机会的应该是季军，然而走红的4个（组）选手中，有一半不是冠军，甚至有一个季军——李玉刚。综合目前在演艺界的地位，以及未来发展走势，李玉刚是最被人看好的。其他3个（组）选手尚难看出走势。笔者斗胆预测：假如阿宝策略得当，其在李玉刚之后脱颖而出的机会最大，或走红时间最持久，其他两个组合可能只会是流行。

阿宝：原名张少淳，山西人，原生态歌手。1986年就闯荡到了山西大同唱歌，而且专唱西北民歌。当歌手时间长了，阿宝也挺受欢迎的，所以，总想通过比赛来检验自己的水平。1988～2004年，阿宝参加了八届"央视青年歌手大奖赛"，然而每届都是第一轮就被淘汰，每次在赛场上，他总是被评委认为"唱法不正宗"、"发声方法不科学"。

谈起演唱风格，阿宝曾经说："我演唱的风格和所有民歌手都不一样。因为唱歌从来没有人教过，我像野孩子一样吃百家饭长大，就是把所有的民歌手都当作老师，每个人都不同，都有值得学习的地方，好的就拿过来，再加入自己的处理来唱，甚至加入些通俗成分，因为通俗的才最贴近生活，老百姓最容易接受。"

至此，我们就很容易理解阿宝走红的原因了——以原生态唱法为主，融入通俗成分。在国内，谁能出其右？没有，因此阿宝当属第一！阿宝曾说过："我是原生态的掌门！""独特（第一）"胜过"更好"，阿宝开创了演唱方法的新品类。

再有，阿宝这个名字比张少淳不知好了多少倍，阿宝可能还无意中用了视觉锤——白头巾，白毛皮袄。这对于将"阿宝"这个名字打入乐迷心智非常重要。

其实原生态唱法有一个人的水平应该胜过阿宝，那就是西北歌王——王向荣。那为何王向荣不如阿宝红呢？一是王向荣没有走入大众的心智，仅仅在某些区域"红"而已；二是王向荣是纯粹的原生态唱法，观众的接受度稍逊一筹。

建议阿宝走出国界，了解世界各地特色唱法，及世界乐坛发展规律，探索中国原生态唱法的未来之路。

凤凰传奇：女主唱杨魏玲花，内蒙古人；男主唱曾毅，湖南人。其作品融合了中国传统民乐以及多种现代音乐元素。凤凰传奇被公认为是2005年之后中国最具影响力的歌手组合之一。首支单曲《月亮之上》开创民族音乐与说唱音乐形式结合的先河。《最炫民族风》、《荷塘月色》、《月亮之上》、《自由飞翔》、《大声唱》等代表作红遍大江南北以及全球华人界。正版专辑销量超过600万张，无线音乐下载总量突破3亿次，网络视听搜索总量突破6亿次。

从上面我们可以看出凤凰传奇走红的根本原因是：将民族唱腔与流行唱法结合，既古典又时尚，有着自己的独到之处，让你不知不觉地陶醉其中。又是"独特（第一）"胜过"更好"！

假如有个组合叫"醋火组合"，你认为会胜过"凤凰传奇"吗？笔者认为不会，"醋火组合"这个名字与凤凰传奇相比力度差了一个数量级。凤凰传奇最先使用的名字正是"醋火组合"。

李玉刚：来自吉林省四平市公主岭农村的一个普通小伙子。从1998年开始演艺生涯，一次偶然的机会接触到京剧男旦艺术并产生了浓厚的兴趣，从此，一边潜心钻研，一边演出。李玉刚的表演将中国民族艺术、传统戏曲、歌剧辅以时尚包装，被海外媒体称为"中国国宝级艺术家"。时至今日，李玉刚的影响力早已超出娱乐圈的范畴，延伸到了审美、文化甚至思想等社会各领域，成为中国乃至世界艺术史上标志性人物。

李玉刚的好友李松杨说："李玉刚是跌跌撞撞地走到今天。这也是种非常新颖的表演方式，它借鉴了中国的戏曲、古典舞、民歌、美声、通俗等很多元素。它作为一个新生的事物，是一个非常与众不同的表演形式。"

其实李松杨的话清晰地说明了李玉刚走红的根本原因。还是"独特（第一）"胜过"更好"！

有关职业定位，李玉刚曾自称女形，后又否认，称自己既非男旦，又非女形。李玉刚称"男旦"的称谓对自己来说并不恰当。李玉刚说："男旦是指戏曲中男性艺术家表演女性角色，我的演唱既不是昆曲也不是京剧，仅仅是有京昆的元素。"但他对"女形"的头衔也予以否认，"女形来源于日本艺伎，主要是身体动作的表演，没有歌声，而我的表演里唱歌占很多比重"。李玉刚希望观众能够帮助自己找准定位。因此，为了让自己的艺术生涯再上一个台阶，李玉刚需要尽快为自己的风格取个响亮、贴切、独特的名字。李玉刚有机会开创一个更新的时代。

李玉刚需要思考的是"将来年纪大了又该如何获得更大发展"的问题。

玖月奇迹：著名器乐演唱组合，女主唱王小玮，男主唱王小海。他们将新颖独特的双排键表演与各种风格的跨界演唱完美融合，开创了舞台上的全新表演模式。双排键风格多变的演奏与各种唱法之间的自由转换配合得相得益彰，使他们可以自由行走于各种音乐风格之间，在中国乐坛独树一帜。尤其是王小玮，中国首位双排键艺术硕士、英国国际双排键公开赛亚军，她那具有颠覆性的双排键表演与俊美靓丽的外形、动人的演唱无不让人惊艳。在演奏中舞蹈、在舞蹈中演奏，双手双脚同时在三排琴键上起舞，即可演奏出百人乐团的效果，被人们形象地称为"琴键上的舞蹈家"。

以双排键作为主要的乐器，且颠覆性的表演方式，中国首创。还是"独特（第一）"胜过"更好"。

其实王小玮具备的不只是双排键表演得精彩，而且性感，君不见王小玮几乎都是短裤、长靴演出吗？这个不重要吗？笔者认为同样也是重要的。

看过玖月奇迹北京演唱会，基本以老歌新唱为主，量身定制的新歌、好歌基本没有，这是玖月奇迹需要尽快解决的问题。现在玖月奇迹有哪首单曲进入了百姓心智？没有。在这方面他们要向凤凰传奇学习。

郝歌，一个来自非洲的小伙子演唱中国歌曲，可以新鲜一时；杨光，唱歌还不错，特点不鲜明，模仿能力尚停留在逗乐层次；马广福，农民歌手，可以让人惊叹其嗓子一时；刘大成、旭日阳刚、刘赛等，可以走走穴；无名组合，名字就有问题；大衣哥，可以在逗乐的节目中亮亮相……

现在可以总结《星光大道》选手走红的规律："独特（第一）"胜过"更好"！

管理培训行业为何难见强势品牌

这些年来，随着管理培训课程走进企业界，在我国没有上过管理培训课的老板已属另类。无数老板不是在课堂上，就是在前往课堂的路上，然而，为何直到今天管理培训行业仍然没有见到强势品牌呢？管理培训企业应该如何才能打造强势品牌呢？

记不清从何时起，管理培训（以下简称"培训"）进入了我们的生活，我们越来越多地受到影响；也记不清究竟有多少个周末，我们在培训课堂上度过；当然更记不清楚，在我们周围诞生了多少大师，尽管有的甚至只有30岁出头。他们几乎都能弄个很大、很吓人的头衔来包装自己，比如亚洲顶级、全球华人界、中国首屈一指、中国最实战、中国顶尖、师从某某名师、国学（应用）大师、教父，等等。因工作关系，笔者曾经与某著名培训公司四川分公司副总吃过饭，小伙子30岁出头，谈到讲课，他说："我已经讲了好几年了！"笔者心里愕然："你究竟有多久的企业一线实践经验？"

这些大师或自己经营公司，或与多家培训机构签约，专职做讲师。为了推销大师们的课，一帮刚出高校的业务员就用了你能想得到或想不到的方法推销，于是有了"防火防盗防培训"之说。

尽管培训行业的老板们不可谓不努力，然而直到今天，培训行业依旧难见强势品牌，仍然是业务员们天天想方设法、挖空心思地找单子。以笔者的了解，中国绝大多数培训公司业务储存量不到一个月。培训行业几乎所有公司都声称自己在做品牌，然而事实上绝大多数公司的做法与做品牌都是南辕北辙。

下面我们一起来看看培训行业究竟是如何做品牌的吧！

1. 误将借鉴、感悟当研发

培训行业很多讲师常常很好学，也很善于感悟，他们的阅读量常常较大，涉猎的范围常常较广，也常常善于从生活、工作中的小事提取感悟，这些都会成为他们讲课的素材，甚至写成书大肆销售（也不排除部分讲师长期不学习，他们落后的速度更快）。然而若将借鉴、感悟当成研发，那就把研发看得太简单了。管理是一门讲究实践的科学，逻辑上的天衣无缝，在实践中常常不但毫无用处，甚至祸害企业。只有那些"取之于企业，用之于企业"，经过严密的分析、求证的理论才经得住实践检验。凡是经得住实践、时间检验，流传下来的管理名作，绝非感悟所获。且不谈借鉴、感悟的可笑，即使当年风靡全球的《追求卓越》、《基业长青》、《从优秀到卓越》还有多少理论为人们所追捧。

2. 误将讲台当战场

很多讲师，一年里大部分时间都在讲台上，或往返于讲台的路上，他们不仅很满足这种工作方式，而且向外界大肆宣传自己课排得有多满，岂不知讲师真正的战场其实并非讲台，而在企业一线。有个营销界的老师说："我只用1%的时间写书，其他99%的时间都在实践。"怪不得他在培训、咨询界的地位这么高！有个已有近千场授课经验的名师，在"中华讲师网"的排名也很靠前，然而很少下到企业一线去调研，去解决问题，怪不得他的公司经营得一塌糊涂。还有一家公司有堂课程是《如何选人、育人、用人、留人》，听他讲10分钟就知道是被窝里悟出来的理论，怪不得公司的高层基本都走了，整个集团也一分为二。不进企业，如何了解企业？不亲自在企业泡着，为企业解决问题，如何检验理论的对错？

3. 连自己应用都成问题，更难让别人相信

不管你信不信，培训公司在外口沫横飞、大肆宣传的"打遍天下无敌手"的理论，其实在他们自己公司里很少，甚至从来不用，即使用了，效果

也不佳。产生了副作用，也很少返回去完善理论。有个著名的培训公司推崇员工之间的PK，结果PK来PK去，一大帮高管给PK走了，有的甚至成立公司与老东家对着干，在网上搜索，负面评论满天飞。这家公司是否怀疑过PK究竟符不符合实际情况？这家公司究竟让多少客户企业开始了PK？PK的结果又是怎样的？天知道。这家以"共建伟大公司"作为口号的培训企业，它本身就没有伟大，也注定难以伟大。广州有家培训公司2011年初在天津开了分公司，笔者把他们老板写的一本关于战略的书买来阅读，看了20多页，实在看不下去了，心想：这些理论怎能站得住脚！当年年底其总公司就宣布破产了。

以上3条其实说的是一件事，只不过角度不同而已，那就是目前培训行业传（讲）授的所谓的知识、技能、方法不接地气，难以解决客户问题，而解决客户问题恰恰是做品牌的基础。没有这个基础，品牌就是空中楼阁。未来的培训名师，应该首先是一名合格的咨询师。

4. 误将电话营销等同于营销

培训行业最常用，有的公司甚至是唯一的销售方式就是人海战术机制下的电话营销。公司对每个业务员每天的电话量、每个电话的时间，甚至每个电话如何打都有严格规定。于是你就经常接到培训公司业务员给你的电话，甚至在晚上10点后还能接到推销课程的电话，周末接到电话更是家常便饭。这些电话常常是如下套路："喂，请问是王总吗？很高兴告诉你一个好消息，某某名师专门从美国飞回来，将于何时何地举办一场某某主题的课程，我这边还有几个名额，这几个名额是特价，原价19800元，现在只需要198元，名额有限，请问王总你公司准备派几个人来呢？"类似电话你陌生吗？脾气好的可能婉言谢绝，因为对面常常是个小女孩，脾气不好的干脆说："你要是再打，我就报警了！"其实这还算是文明的了！

笔者曾问过某培训公司的一个销售经理："你们公司通常用什么方式营销？"

销售经理："电话营销啊！"

笔者接着问："除了电话营销外，还有别的营销方式吗？"

销售经理："这是最好的销售方式，为什么还要别的营销方式呢？"

笔者无语，销售经理对于营销的了解居然无知到这个程度，业务员可想而知。

几乎任何一场战争都是立体的，需要各种武器、兵种协同配合，俗话说"商场如战场"，商场岂能单靠电话营销胜出？即使能胜出，其代价也必定是高昂的，更何况电话营销的弊端很明显。

北京有家培训公司，老板是笔者的朋友，笔者打电话给他："王总，河北有个集团可能有培训和咨询需求，你可以安排业务员联系一下。"王总说："我从来不主动给客户打电话。"真有底气啊，怪不得其培训课程价格这么高，看来他把握住了未来。

5. 强买强卖

培训行业的营销套路常常是这样的：培训公司利用人们爱占便宜的心理，设计出沙龙或业务说明课——业务员邀约参加这些免费或费用很少的沙龙或业务说明课——在课堂上安排煽动性很强的老师实现销售。为了达到销售目的，配合的动作包括：其一是让人感觉到促销力度很大，似乎不买就亏了；其二是业务员死缠烂打；其三是讲师采用激将法；其四是将听众置于一个很尴尬的境地，比如众目睽睽站在讲台上，让你兑现刚才在台下的承诺，等等。当然，现场还会配合播放极易让你冲动买单的音乐。而且，在那个场合，你不买单就有种不好意思的感觉。

当你走出会场，冷静下来，才发现自己刚才怎么如此冲动啊！

任何好的产品，卖给不需要的人，不但购买者难以说好，而且还会把这种感觉告诉身边的人。培训行业这样的强买强卖做法，无疑会把产品卖给不需要的人，购买者也一定会说你的不好。

6. 急功近利，误将销售额等同于品牌影响力

在培训行业，销售额就是硬道理，各个培训企业比的就是销售额，为了在销售额上压人一头，通常的做法就是迅速在全国开销售分公司，迅速组建庞大的销售队伍，通过不正当手段迅速买来业务联系电话，业务员经过简单培训，迅速拿起电话邀约客户，迅速收款，迅速开课。周而复始！各家培训公司迅速比较销售额、分公司数、员工数等硬指标，迅速排名，迅速对外宣传。然而难得有人关注到客户的满意度，也难得有人去关心业务员究竟使用何种方式艰难地获得单子，当然更难得有人去计算公司员工的流动率，反正"三只脚的猫不好找，两只脚的人还不好找吗"？

事实上，销售额和利润只是品牌的结果，一个好的品牌大致包括品牌知名度、品牌忠诚度、感知质量、品牌联想，一个企业只要做好了这几条，销售额、利润自然会来。做品牌需要耐心，急功近利做不来，不信查查当今叱咤风云品牌的历史！

7. 机会导向而不是战略导向

只要你注意观察，培训行业的很多公司是全才，他们几乎能讲经营管理领域里的所有课程，而且常常是什么热门，就讲什么。例如，注重细节了，就讲"细节决定成败"；注重领导力了，就讲"领导力就是一切"；注重心态

调整了，就讲"人对了，世界就对了"；注重执行力了，就讲"没有执行力，一切等于零"；注重团队了，就讲"没有完美的个人，只有完美的团队"；注重习惯了，就讲"成功人士的 7 个习惯"；注重系统了，就讲"赢在系统"；注重互联网了，就讲"网络营销"；等等，这些公司几乎总是踩在时代的鼓点上，然而，他们忘了走过一圈后回过头来自问"我究竟是谁"（噢，对了，我是大师），也忘了回答客户的问题"你们究竟是卖什么的"（噢，我们是管理培训专家，我们以培训报国，我们立足于为中国培训 10 万名职业经理人）。这是典型的机会导向，这样的企业注定只会是现代商业进程中的匆匆过客。没有差异或差异很小的企业，如何能进入客户的心智呢？而不能进入心智，又如何才能做品牌呢？

打个比方，假如一个开餐馆的老板说："我是从事餐饮行业的。"你会知道他的餐馆究竟是什么特色吗？当你有消费的需求，你会成为他的顾客吗？换一种说法，这个餐馆老板说："我的餐馆面向工薪阶层，以川菜为特色。"当你有消费的需求时，会很清楚是否应该走进这间餐馆。

一个企业今天从事这种业务，明天从事那种业务，久而久之，客户也不知道你究竟从事的是哪种业务，一旦他有需求，怎会想到你呢？因此机会导向的培训企业注定难以走进顾客的心智，而心智才是当今商战的主战场。

以上是常见的管理培训企业的做法，打造一个强势品牌需要考虑如何定位，如何传播定位，如何选择原点市场、原点人群，如何与竞争对手展开竞争，如何选择战略模型，如何做公关，如何做广告，如何提炼凸显定位的宣传口号，如何打造核心品项，如何配称，如何设计视觉锤……当然还需要点耐心。这些对于培训企业来说都是新课题，怪不得培训行业难见强势品牌。

如果读者你也身在培训行业，你的公司是如何做的呢？

用"定位"解读毛泽东《论持久战》

改变世界的书中，毛泽东《论持久战》一定算其一。一本薄薄的小册子，为何具有如此大的能量呢？是否可以用定位解读呢？

前段时间，在微信上读到《人民日报》副总编梁衡先生关于读书改变人生的讲话，梁先生说："一本书可以改变一个人的命运，也可以改变一个国家的命运，一个世界的命运，甚至改变人类的历史。"抗战初期毛泽东在延安的窑洞里完成了一本不到 5 万字的书，"当白崇禧把这本麻纸小册子送给蒋介石时，蒋介石都喜得如获至宝，发给全军团级以上军官每人一本，这本书很快又在美国出版，震惊了世界。事实证明抗日战争就是沿着这一思路进行的。"这本书就是著名的《论持久战》。

《论持久战》是关于战略的，定位也是关于战略的，同时定位的很多观点、知识、方法又是从战争中获得启发，进而形成自己的体系。因此，笔者认为定位与《论持久战》所阐述的战略应该是相通的，用定位应该是可以分析《论持久战》的，或者说，用定位能更好地读懂《论持久战》。

商场如战场，因此，如能读懂这本穿越近 80 年，依然闪烁着哲学和战略光芒的伟大著作，学习毛泽东哲学性、战略性地分析战争的艺术，对于我们今天的企业经营也必定是有益的。因此笔者决定用定位思想来读《论持久战》，其中绝大部分文字都是从《论持久战》原文中摘录并串联在一起的，毛泽东的高度常人难及，笔者就不画蛇添足了，请读者朋友自行体会，提高自己的战略水平。

毛泽东将抗战定位为"一场必须持久作战才能获胜的战争",那他为什么要给抗战定位?这样定位的依据是什么呢?为了实现这个定位,又有哪些具体的配称呢?

《论持久战》实际上是毛泽东在1938年5月26日至6月3日的演讲,当时,亡国论和速胜论还具有相当的市场,并且在回答很多问题上也有不同的甚至错误的观点,例如,抗日力量是否够了呢?回答是肯定的,因为现在的力量已使敌人不能再进攻,还要增加力量干什么呢?巩固和扩大抗日民族统一战线的口号是否依然正确呢?回答可以是否定的,因为统一战线的现时状态已够打退敌人,还要什么巩固和扩大呢?国际外交和国际宣传工作是否还应该加紧呢?回答也可以是否定的。改革军队制度,改革政治制度,发展民众运动,厉行国防教育,镇压汉奸托派,发展军事工业,改良人民生活,是否应该认真去做呢?保卫武汉、保卫广州、保卫西北和猛烈发展敌后游击战争的口号,是否依然正确呢?回答都可以是否定的。甚至某些人在战争形势稍为好转的时候,就准备在国共两党之间加紧摩擦一下,把对外的眼光转到对内。这种情况,差不多每一个较大的胜仗之后,或敌人进攻暂时停顿之时,都要发生。以上即《论持久战》发表的基本背景。可见毛泽东发表《论持久战》的演讲是基于形势发展的需要。

那"抗战是'一场必须持久作战才能获胜的战争'"定位的依据是什么呢?

从日本方面来看,有以下依据:

第一,日本是一个强的帝国主义国家,它的军力、经济力和政治组织力在东方是一等的,在世界也是五六个著名帝国主义国家中的一个。

第二,从社会行程说来,日本已不是兴旺的国家,战争不能达到日本统治阶级所期求的兴旺,而将达到它所期求的反面——日本帝国主义的死亡。

这就是所谓日本战争的退步性。战争将最大地激起它国内的阶级对立、日本民族和中国民族的对立、日本和世界大多数国家的对立。日本战争的退步性和野蛮性是日本战争必然失败的主要根据。日本的军力、经济力和政治组织力虽强，但这些力量之量的方面不足。

第三，日本国度比较小，其人力、军力、财力、物力均感缺乏，经不起长期的战争。日本统治者想从战争中解决这个困难问题，但同样，将达到其所期求的反面，这就是说，它为解决这个困难问题而发动战争，结果将因战争而增加困难，战争将连它原有的东西也消耗掉。

第四，日本虽能得到国际法西斯国家的援助，但同时，却又不能不遇到一个超过其国际援助力量的国际反对力量。这后一种力量将逐渐地增长，终究不但将把前者的援助力量抵消，并将施其压力于日本自身。这是失道寡助的规律，是从日本战争的本性产生出来的。

从中国方面来看，有以下依据：

第一，我们是一个半殖民地半封建的国家，我们依然是一个弱国，我们在军力、经济力和政治组织力各方面都显得不如敌人。战争之不可避免和中国之不能速胜，又在这个方面有其基础。

第二，中国近百年的解放运动积累到了今日，已经不同于任何历史时期。各种内外反对力量虽给了解放运动以严重挫折，同时却锻炼了中国人民。中国的战争是进步的，从这种进步性，就产生了中国战争的正义性，从而能唤起全国的团结，激起敌国人民的同情，争取世界多数国家的援助，同日本的失道寡助又恰恰相反。

第三，中国又是一个很大的国家，地大、物博、人多、兵多，能够支持长期的战争，这同日本又是一个相反的对比。

第四，当日本举行战争的时候，正是世界各国或者已经遭遇战争或者快要遭遇战争的时候，大家都正在或准备着为反抗野蛮侵略而战，中国这个国家又是同世界多数国家和多数人民利害相关的，这就是日本已经引起并还要加深地引起世界多数国家和多数人民的反对的根源。

第五，今天中国已经不是完全的封建国家，已经有了资本主义，有了资产阶级和无产阶级，有了已经觉悟或正在觉悟的广大人民，有了数十年革命的传统经验。这些经验，教育了中国人民，教育了中国的政党，今天恰好作了团结抗日的基础。这是国内的条件。

第六，国内政治的改进，是和抗战的坚持不能分离的。政治越改进，抗战越能坚持；抗战越坚持，政治就越能改进。抗战的经验已经证明，十个月的中国人民的进步抵得上过去多少年的进步，并无使人悲观的根据。

第七，只要中国坚持抗战和坚持统一战线，就一定能把旧日本化为新日本，把旧中国化为新中国，中日两国的人和物都将在这次战争中和战争后获得改造。我们把抗战和建国联系起来看，是正当的。说日本也能获得改造，是说日本统治者的侵略战争将走到失败，有引起日本人民革命之可能。日本人民革命胜利之日，就是日本改造之时。这和中国的抗战密切地联系着，这一个前途是应该看到的。

第八，敌强我弱，敌是优势而我是劣势，这种情况，虽因我之坚持抗战和坚持统一战线的努力而有所变化，但是还没有产生基本的变化。所以，在战争的一定阶段上，敌能得到一定程度的胜利，我则将遭到一定程度的失败。然而敌我都只限于这一定阶段内一定程度上的胜或败，不能超过而至于全胜或全败。

从国际方面来看，有以下依据：

第一，苏联的存在，更是今天国际政治上十分重要的因素，它必然以极大的热忱援助中国。空前强大的社会主义的苏联，它和中国是历来休戚相关的。中国战争之非孤立性，不但一般地建立在整个国际的援助上，而且特殊地建立在苏联的援助上。中苏两国是地理接近的，这一点加重了日本的危机，便利了中国的抗战。

第二，这次战争，将比二十年前的战争更大，更残酷，一切民族将无可避免地卷入进去，战争时间将拖得很长，人类将遭受很大的痛苦。但是由于苏联的存在和世界人民觉悟程度的提高，这次战争中无疑将出现伟大的革命战争，用以反对一切反革命战争，而使这次战争带着为永久和平而战的性质。

为了实现这个定位，毛泽东认为应该有哪些具体的配称呢？

第一，能动性在战争中的作用。能动性将发扬抗日的自觉能动性，加上主观的努力，抗日战争的指挥员就要发挥他们的威力，提挈全军，去打倒那些民族的敌人。

第二，战争和政治。抗日军人中，如有轻视政治的倾向，把战争孤立起来，变为战争绝对主义者，那是错误的，应加纠正。战争有其特殊性，一切参加战争的人们，必须脱出寻常习惯，而习惯于战争，方能争取战争的胜利。

第三，抗日的政治动员。动员了全国的老百姓，就造成了陷敌于灭顶之灾的汪洋大海，造成了弥补武器等等缺陷的补救条件，造成了克服一切战争困难的前提。

第四，战争的目的。消灭敌人是主要的，保存自己是第二位的，因为只有大量地消灭敌人，才能有效地保存自己。因此，作为消灭敌人之主要手段的进攻是主要的，而作为消灭敌人之辅助手段和作为保存自己之一种手段的防御，是第二位的。战争实际中，虽有许多时候以防御为主，而在其余时候以进攻为主，然而从战争的全体来看，进攻仍然是主要的。基本上为着消灭敌人的进攻手段中，同时也含了保存自己的作用，理由就在这里。防御必须同时有进攻，而不应是单纯的防御。我们的战争，在于力求每战争取不论大小的胜利，在于力求每战解除敌人一部分武装，损伤敌人一部分人马器物。把这些部分地消灭敌人的成绩积累起来，成为大的战略胜利，达到最后驱敌出国，保卫祖国，建设新中国的政治目的。

第五，防御中的进攻，持久中的速决，内线中的外线。在第一和第二阶段即敌之进攻和保守阶段中，应该是战略防御中的战役和战斗的进攻战，战略持久中的战役和战斗的速决战，战略内线中的战役和战斗的外线作战。在第三阶段中，应该是战略的反攻战。

第六，主动性，灵活性，计划性。军事上的办法，就是坚决地实行外线的速决的进攻战和发动敌后的游击战争，在战役的运动战和游击战中取得许多局部的压倒敌人的优势和主动地位。通过这样许多战役的局部优势和局部主动地位，就能逐渐地造成战略的优势和战略的主动地位，战略的劣势和被动地位就能脱出了。这就是主动和被动之间、优势和劣势之间的相互关系。灵活性是什么呢？就是具体地实现主动性于作战中的东西，就是灵活地使用兵力。古人所谓"运用之妙，存乎一心"，这个"妙"，我们叫作灵活性，这是聪明的指挥员的出产品。战争没有绝对的确实性，但不是没有某种程度的相对的确实性。在绝对流动的整个战争长河中有其各个特定阶段上的相对的固定性，从而应该有计划性。

第七，运动战，游击战，阵地战。运动战的特点是，正规兵团，战役和战斗的优势兵力，进攻性和流动性。中国版图广大，兵员众多，但军队的技术和教养不足；敌人则兵力不足，但技术和教养比较优良。在此种情形下，无疑地应以进攻的运动战为主要的作战形式，而以其他形式辅助之，组成整个的运动战。抗日战争的作战形式中，主要的是运动战，其次就要算游击战了。游击战在整个抗日战争中的战略地位，仅仅次于运动战，因为没有游击战的辅助，也就不能战胜敌人。在中国，游击战的本身，不只有战术问题，还有它的特殊的战略问题。从三个阶段来看，中国抗日战争中的游击战，绝不是可有可无的。它将在人类战争史上演出空前伟大的一幕。

第八，消耗战，歼灭战。抗日战争是消耗战，同时又是歼灭战。战役的歼灭战是达到战略的消耗战之目的的手段。在这点上说，歼灭战就是消耗战。中国之能够进行持久战，用歼灭达到消耗是主要的手段。达到战略消耗目的的，还有战役的消耗战。大抵运动战是执行歼灭任务的，阵地战是执行消耗任务的，游击战是执行消耗任务同时又执行歼灭任务的，三者互有区别。在这点上说，歼灭战不同于消耗战。战役的消耗战，是辅助的，但也是持久作战所需要的。对于日本士兵，不是侮辱其自尊心，而是了解和顺导他们的这种自尊心，从宽待俘虏的方法，引导他们了解日本统治者之反人民的侵略主义。另外，则是在他们面前表示中国军队和中国人民不可屈服的精神和英勇顽强的战斗力，这就是给以歼灭战的打击。

第九，乘敌之隙的可能性。从战略和战役上说来，敌人在十个月侵略战争中，已经犯了许多错误。计其大者有五。一是逐渐增加兵力，二是没有主攻方向，三是没有战略协同，四是失去战略时机，五是包围多歼灭少。我们方面，尚可有意地制造敌之错误，即用自己聪明而有效的动作，在有组织的民众掩护之下，造成敌人错觉，调动敌人就我范围，例如声东击西之类。我乘敌隙，敌也可以乘我之隙，少授敌以可寻之隙，又是我们指挥方面的任务。然而敌之指挥错误，是事实上已经存在过，并且还要发生的，又可因我之努力制造出来的，都足供我之利用，抗日将军们应该极力地捉住它。

第十，抗日战争中的决战问题。一切有把握的战役和战斗应坚决地进行决战，一切无把握的战役和战斗应避免决战，赌国家命运的战略决战应根本避免。在条件不成熟时，如果避免了战略的决战，"留得青山在，不愁没柴烧"，虽然丧失若干土地，还有广大的回旋余地，可以促进并等候国内的进步、国际的增援和敌人的内溃，这是抗日战争的上策。不决战就须放弃土地，这是没有疑问的，在无可避免的情况下（也仅仅是在这种情况下），只好勇敢地放弃。情况到了这种时候，丝毫也不应留恋，这是以土地换时间的正确的政策。历史上，俄国以避免决战，执行了勇敢的退却，战胜了威震一时的拿破仑。中国现在也应这样干。

第十一，兵民是胜利之本。战争的伟力之最深厚的根源，存在于民众之中。我们方面，军队须有源源不绝的补充，军队须和民众打成一片，使军队在民众眼睛中看成是自己的军队，这个军队便无敌于天下，个把日本帝国主义是不够打的。军队政治工作的三大原则：一是官兵一致，二是军民一致，三是瓦解敌军。这些原则要实行有效，都须从尊重士兵、尊重人民和尊重已经放下武器的敌军俘虏的人格这种根本态度出发。在一切工作中，应该坚持抗日民族统一战线的总方针。

第十二，第一阶段，敌之企图是攻占广州、武汉、兰州三点，并把三点联系起来。我们的作战计划，应把敌人可能占领三点甚至三点以外之某些部分地区并可能互相联系起来作为一种基础，部署持久战，即令敌如此做，我也有应付之方。这一阶段我所采取的战争形式，主要是运动战，而以游击战和阵地战辅助之。阵地战虽在此阶段之第一期，由于国民党军事当局的主观错误把它放在主要地位，但从全阶段看，仍然是辅助的。

第十三，第二阶段，可以名之曰战略的相持阶段，此阶段中我之作战形式主要的是游击战，而以运动战辅助之。此时中国尚能保有大量的正规军，不过一方面因敌在其占领的大城市和大道中取战略守势，另一方面因中国技术条件一时未能完备，尚难迅即举行战略反攻。除正面防御部队外，我军将大量地转入敌后，比较地分散配置，依托一切敌人未占区域，配合民众武装，向敌人占领地作广泛的和猛烈的游击战争，并尽可能地调动敌人于运动战中消灭之，如同现在山西的榜样。我们要准备付给较长的时间，要熬得过这段艰难的路程。此时我们的任务，在于动员全国民众，齐心一致，绝不动摇地坚持战争，把统一战线扩大和巩固起来，排除一切悲观主义和妥协论，提倡艰苦斗争，实行新的战时政策，熬过这一段艰难的路程。此阶段内，必须号召全国坚决地维持一个统一政府，反对分裂，有计划地增强作战技术，改造军队，动员全民，准备反攻。

第十四，第三阶段，是收复失地的反攻阶段。这个阶段我所采取的主要的战争形式仍将是运动战，但是阵地战将提到重要地位。此阶段内的游击战，仍将辅助运动战和阵地战而起其战略配合的作用，和第二阶段之变为主要形式者不相同。

第十五，我能在外交上建立太平洋反日阵线，把中国作为一个战略单位，又把苏联及其他可能的国家也各作为一个战略单位，又把日本人民运动也作为一个战略单位，形成一个使法西斯无处逃跑的天罗地网，那就是敌人死亡之时了。实际上，日本帝国主义完全打倒之日，必是这个天罗地网大体布成之时。这丝毫也不是笑话，而是战争的必然的趋势。

结论就是："在什么条件下，中国能战胜并消灭日本帝国主义的实力呢？要有三个条件：第一是中国抗日统一战线的完成；第二是国际抗日统一战线的完成；第三是日本国内人民和日本殖民地人民的革命运动的兴起。就中国人民的立场来说，三个条件中，中国人民的大联合是主要的。"

通过以上分析，希望读者一方面能感受到《论持久战》之伟大，另一方面能体会到定位的价值、方法。

为何偏偏是魏蜀吴——从国家定位角度看企业定位、战略的重要性

"话说天下大势，分久必合，合久必分。"一本《三国演义》，说不尽东汉末年天下纷争，数十路诸侯为了自己的生存与发展刀光剑影，无数豪杰在这个英雄辈出的时代淋漓尽致地展现自己的才华，最终，并不被看好的曹刘孙胜出，创建了自己的国家——魏蜀吴，在战略层面是否有规律可循呢？

东汉末年，朝廷腐败，天下大乱，群雄并起，数十路大大小小、实力不等的诸侯为了地盘、生存，明争暗斗，最终，最具实力的袁绍、袁术、刘表、刘璋等诸侯败下阵来，而魏蜀吴三国实现鼎立。尤其是刘备领导下的蜀国，从开始无立锥之地，颠沛流离，到最终称霸一方，三分天下有其一。三国最终实现鼎立，原因当然很多，然而从战略层面能否看出些许端倪呢？或者从战略层面能否看出其中的规律呢？本节就从国家定位角度一探其究竟。

先来看魏国的国家定位。在当时，尽管曹操手下谋士众多，也尽管曹操对国家的定位会受到下属，特别是谋士的影响，但是为魏国进行定位，贡献最大的还是曹操。这与吴、蜀两国分别由鲁肃、诸葛亮两位著名的政治家起主要作用，帮助实现国家定位不同，从这点上也可以看出在各路诸侯的领导人中，曹操的水平明显高出一块。

纵观《三国演义》，尽管曹操从未正式地将自己的国家定位写在纸上，也从未系统阐述过，但是从曹操挟天子令诸侯而占得天下人心智，广纳天下英才，包括重用在战场上曾与他兵戎相见的谋士、武将等举措的高度，也从

其连年用兵，南征北战，跨度之大，时间之长可以看出曹操已将魏国定位为"一个统一中国的国家"。从一些不起眼的细节也可以看出这点：

第一，书中描述道："刘表死，曹操夺取荆州，刘琮降后，操加蔡瑁为平南侯、水军大都督，张允为助顺侯、水军副都督……荀攸曰：'主公不识人耳。蔡瑁、张允乃谄佞之徒，何故加封如此显官，更教都督水军乎？'操笑曰：'吾岂不知人乎？吾所领北军之众，不习水战，尽权且用之，成事之后，便当杀戮。'"作为一个地处北方，很不擅长水战的部队，却花大力气加强自己的弱项，意图很明显，即向南方发展。即便荀攸作为曹操的高级谋士，也未能看出来，足见曹操卓越的战略能力。

第二，在《三国演义》"曹操杖杀伏皇后"中这样写道："曹操遂罢南征，兴设学校。王粲、杜袭、卫凯、和洽四个侍中意欲尊曹操为'魏王'。中书令荀攸曰：'不可。丞相官至魏公，荣加九锡，进爵诸侯，改收金玺，位已极矣。今又进升王位，于理不可。'曹操闻之，大怒曰：'此人又欲校荀彧耶？'荀攸知之，当年十月，卧病不起，十数日内身亡。"可见曹操的最终理想是称帝，统一天下！

当然，曹操对魏国的国家定位，并非一开始就确定了，在刺杀董卓失败进而被追杀，于乡野民间慢慢拉扯起一支队伍之时，曹操是绝不可能有清晰的国家定位的。随着一个接一个的胜仗，消灭一个接一个的诸侯，地盘一点一点扩大，曹操才逐渐清晰了自己的国家定位。

然而经过连年征战，眼见不但不能消灭吴蜀，两国还逐渐发展起来，与魏国共同鼎立天下，曹操也逐渐丧失统一天下的信心，于是魏蜀吴三国之间，除非蜀国主动挑起，除了局部冲突外，基本无大的战事，这与曹操早期领导的南征北战形成了鲜明对比，这样的局面维持了很久。其实这样的局面与曹操将国家定位从"一个统一中国的国家"，调整为"三足鼎立有其一的国家"

密不可分，或者说正是由于国家定位的调整，才产生了这样的局面。同样，曹操对国家定位之调整，并未写在纸上，也并未明确阐述。

曹操死后，司马懿家族逐渐实际掌权，诸葛亮带领的蜀国连年进攻，却不能从战略层面给魏国造成足以影响到国家生存的损失。面对这一情况，司马懿责孔明曰："如省心改过，悉宜早回，各守疆界，以成鼎足之势，免致生灵涂炭，如皆得全生也！"这就是魏国高级官员对魏国战略从统一天下到三足鼎立在公开场合最明确的表述。司马懿理解并充分贯彻了曹操对国家的定位。从当时内外环境看，魏国的国家定位变化也无疑是正确的，事实上这种变化使得魏国得到了最好的休养生息，蓄积了充分的力量，从而立于不败之地，最终为司马家族在窃取了魏国政权之后进而统一天下，建立晋朝奠定了坚实基础。诸葛亮与司马懿多年交锋，并未真正占到便宜，这也足以看出司马懿在战略和战术层面体现出来的水平。

再来看蜀国的国家定位。刘备前往隆中拜访诸葛亮的途中，见到诸葛亮的好友崔州平，两人就天下大势做了简单沟通，崔州平表现出明显的消极避世的态度，刘备曰："此隐者之言也，吾固知之。方今乱极之时，圣人有云：'危邦不入，乱邦不居。天下有道则见，天下无道则隐。'此理固是，争奈汉室将危，社稷疏崩，庶民有倒悬之急。吾乃汉室宗亲，况有诸公竭力相辅，安可不治乱扶危，争奈坐视也？"

从此段可以看出，在刘备的心里实际上仅有并不明确的国家定位，那就是匡复汉室，救民众于水火，然而刘备距离战略步骤或者将国家定位上升到战略，并从人才、军事、政治、经济、国家治理等方面进行配称这个层面，差距还很大。从这点看，刘备的能力和曹操相比，确实有不小的差距。也正是刘备战略水平的不足，导致他在诸葛亮出山前，长期处于颠沛流离的状态。刘备先后投靠陶谦、公孙瓒、吕布、袁绍、曹操、刘表等人，其中在投靠袁绍之前，刘备还率军打过他。投靠吕布更是不得已，吕布的政治修养之差，在当时是出了名的，而且正是吕布将他赶出了徐州，使他无容身之地，然而回过来他又不得不投靠吕布，可见，当时是何等的落魄啊！即使这样，关羽、张飞两位当时水平最高的武将依旧对他不离不弃，这也足见二人的赤胆忠心。没有战略，或有错误的战略，即使有再高明的战术，手下再有精兵强将也无济于事啊！

众所周知，刘备的真正崛起，是在诸葛亮出山之后，而诸葛亮为蜀国（刘备）制定的战略思想就是著名的《隆中对》。

诸葛亮在《隆中对》中的"三分"高见是："自董卓以来，豪杰并起，跨州连郡者不可胜计。曹操比于袁绍，则名微而众寡，然操遂能克绍，以弱为强者，非惟天时，抑亦人谋也。今操已拥百万之众，挟天子以令诸侯，此诚不可与争锋（简单说就是，曹操太强大了，不但不能和他硬拼，还应该尽量避免和他交锋）。孙权据有江东，以历三世，国险而民附，贤能为之用，此可与为援而不可图也（简单说就是，江东的孙权也不能碰）。荆州北据汉、沔，利尽南海，东连吴会，西通巴、蜀，此用武之国，而其主不能守。此殆天所以资将军，将军岂有意乎？益州险塞，沃野千里，天府之土，高祖因之以成帝业。刘璋暗弱，张鲁在北，民殷国富而不知存恤，智能之士思得明君。将军既帝室之胄，信义著于四海，总揽英雄，思贤若渴，若跨有荆、益，保其岩阻，西和诸戎，南抚夷越，外结好孙权，内修政理；天下有变，则命一上将将荆州之兵以向宛、洛，将军身率益州之众以出秦川，百姓孰敢不箪食壶浆以迎将军者乎？诚如是，则霸业可成，汉室可兴矣。"孔明言罢，命童子将画一轴挂于正堂，指而言曰："乃西蜀五十四州之图也。昔日，李熊曾与公孙述云：'西川沃野千里，民物康阜。'将军欲成霸业，北让曹操占天时，南让孙权占地利，将军可占人和。"

《隆中对》其实也是蜀国第一次完整明确地提出自己的国家定位：以荆、益二州为基础，先三足鼎立，后图天下。诸葛亮不但有理有据地提出了蜀国的国家定位，并提出了可行的实施策略。此后，蜀国正是在此战略的引导下得以建立。诸葛亮之所以敢对实力弱小的刘备提出如此高的国家定位，刘备汉室宗亲的品牌优势也是重要因素。然而后来由于种种客观因素，这一定位目标未能完全实现：一是曹操来得太快，没有等到刘备拿下荆州就来了；二是刘备依靠了孙权的力量才抵住了曹操，因此不得不把荆州的最好部分江夏郡与南郡让给孙权；三是在周瑜死后，虽然经过一番摩擦而向孙权用长沙换得了南郡，且命令关羽由南郡攻取襄阳樊城，吓得曹操想放弃许县，刘备自己也攻占了汉中，对长安形成威胁，却不料因此引起孙权的嫉妒与害怕，背弃了同盟的誓言，出兵偷袭关羽的后方，杀了关羽，酿成吴蜀两国倾全国之力在猇亭拼得你死我活的后果！

诸葛亮"中原可图，汉室可兴"的终极目标虽然没有实现，但大部分的战略目标都算完成。其正确的国家定位进而形成战略，让刘备白手起家，建立蜀汉政权，并鼎立半个世纪之久。

现在来看，诸葛亮的《隆中对》大方向是正确的，但是忽略了刘备在拿下荆、益两州的过程中曹操、孙权的动作。说得简单点就是曹、孙都是活人，绝对不可能坐视刘备在荆、益两州大动干戈，而自己在旁边看热闹，其必定会见机行事，以曹、孙的能力，必定会在很大程度上影响到刘备战略目标的达成。以刘备方面的综合实力，实现三足鼎立，其实已经是最大的胜利了，须知当时的十几路诸侯，哪路不比刘备强大，最终都被一一消灭了。从这点看，诸葛亮的理想没有最后实现，其实不应有遗憾！

刘备去世后，后主刘禅继位，把一切事务交给诸葛亮，自己专心玩去了，诸葛亮坚持了在《隆中对》中就制定的联吴伐魏的政策，此后吴、蜀之间不仅不再有战争，而且合作到底。然而在对待魏国的政策上，诸葛亮以及他思想的继承人姜维都错误地评估了内外环境，或者说"匡复汉室"一厢情愿的思想，将蜀国错误地引导到与魏国的连年征战中，过分地消耗了蜀国的资源，成为三国中最先灭亡的一方，须知魏国的综合国力近十倍于蜀国，从战略层面看，蜀魏争战，蜀国毫无胜算！假如蜀国将"统一中国，匡复汉室"的国家定位调整回"三足鼎立有其一"，魏蜀吴最终的命运就难预料了，但至少蜀国不会这么快就灭亡！

最后再来看吴国的战略思想。东吴的国家定位要追溯到孙权的哥哥孙策，在"孙策大战严白虎"一回中这样描写："……次日，使严舆出城。来见孙策，策问舆曰：'汝兄意如何?'舆曰：'欲与将军平分江东。'策大怒曰：'鼠辈敢与吾相等也！'舆急起身。策飞剑砍之，应手而倒，割头。"可见至少孙策是决不允许有第二个人与其争夺江东的，因此可以说江东一直就被看作孙氏家族国家定位之基础，尽管孙策没有将这一战略明确地表述出来。

孙策遇刺去世后，孙权领众据江东，一日，孙权问鲁肃天下之事，肃答曰："昔高帝区区欲尊事义地而不获者，以项羽为害也。今之曹操，犹昔项羽，将军何由得为桓文乎？肃窃料之，汉室不可复业，曹操不可卒除。为将军计，唯有鼎足江东，以观天下之衅。规模如此，亦自无嫌。何者？北方诚多务也。因其多务，剿除黄祖，进发刘表，竟长江所极据而守之，然后建号帝王，以图天下，此高帝之业也。"

这就是著名的《榻上策》，也就是吴国的国家定位：以江东为基础，先三足鼎立，后图天下。这是第一次对吴国的国家定位进行明确的阐述，后来吴国的发展也基本上围绕这一战略思想进行，这使得吴国在三国的竞争中长期无战事或少有战事，社会稳定，吴国广大人民生活安定、富足。从吴蜀两国的战略可以看出，据有荆州乃其共同的战略步骤之一，至于统一天下，则需等待时机，换句话说倘若不能统一天下，也可以接受，然而荆州是无论如何不能放弃的，后来吴蜀两国的恩恩怨怨也是围绕着荆州展开的，其根源就在此。然而，一旦曹操威胁到了荆州，孙刘就能很快联合起来，其根源也在此。借用抗日战争的话说，就是孙刘与曹操之间的"民族矛盾已经上升为主要矛盾了"。

通过以上分析可见，魏蜀吴三国的战略无疑都是非常高明的，也正是这样高水平的战略思想将三国引向成功。特别是刘备，从无立锥之地开始，到最终三分天下有其一，没有正确的战略思想是不可想象的；而东吴也成功地保住了大好江山。三国中魏国的战略有明显变化，这种适时的变化相当成功；而蜀国诸葛亮时代的六次北伐和姜维时代的九伐中原的不成功，都以事实说明了不随环境的变化而调整国家定位，在实际中绝对行不通。诸葛亮和姜维领军打仗的水平不可谓不高，然而战略错了，无论多么杰出的战术，无论多么英勇善战的将领，也无能为力。

当然，东汉末年数十路诸侯的争夺，最终仅剩下魏蜀吴三国，并非偶然，因为三个国家是一个稳定体，三国之间可以互相牵制，没有任何一方有绝对的实力消灭另一方，但不管最终留下来是哪三国，清晰而符合实际的国家定位是必需的。

作为一个企业，要想发展壮大，首先，企业必须要有企业（产品）定位，进而形成战略，然后根据战略形成不可复制的配称。其次，企业（产品）定位并非一成不变，企业必须根据环境的变化适时地调整定位，形成新的战略，否则，即使企业可能会取得一时的成功，但绝不可能长久地取得成功，更不可能建成百年老店，甚至不管手下有多少精兵强将，企业最终会走向衰亡。

这里需要说明的是，本节主要根据《三国演义》撰写，细节之处未必完全符合历史，但不影响从战略层面分析三国，借古寓今。

第三部分　用定位，经营企业更简单

一切为了品牌——我国中小企业组织结构改革重点

中小企业的组织结构，千篇一律的都是生产、销售、人力资源、财务、质量、采购等部门，以致很少有人怀疑这样的组织结构形式是否存在问题。对比全球著名公司，或许我们能找到答案。

凡是在我国中小企业工作，或了解中小企业运行状况的人，至少会大致了解中小企业组织结构设置情况。这些企业组织结构特点包括以下三个方面：

第一，老板既是董事长，又是总经理（CEO）。老板既是公司战略决策的制定者，又是执行者，还负责公司的日常运营，所以老板常常是公司最累的人，是身体出最多状况的人，因此老板常常有"我给大家打工"的感慨。

第二，营销部（含市场部、销售部）与其他职能部门平起平坐。行政级别上，营销部和其他职能部门平起平坐，是合作、配合关系。然而营销部常常有"我养着大家"，其他职能部门有"我不配合、支持你营销部，你啥也干不成"的错觉。因此营销部和其他职能部门既是配合关系，实际上又是互不信任，甚至拆台的关系。营销部请其他职能部门配合，不是要求，而是请求，甚至要讲私人感情的。少部分老板英明，会在公开会上说："营销部要高半格，所有部门，所有人都要服务好营销部，没有客户就没有饭吃。"然而执行过程中，仍然摆脱不了传统的营销部与其他职能部门实质性的平起平坐的关系。

第三，所有人都在说品牌最重要，然而又难有人真正懂品牌。如果在中小企业中高层做个调研："你认为品牌是什么?"包括老板在内，回答无非是"品牌就是知名度，品牌就是销售额，品牌就是市场占有率，品牌就是利润，品牌就是质量，品牌就是服务"等，这些回答不能算错，但是仍然在真正的品牌内涵周围游荡。其实这个问题对于世界级企业来说根本就不是问题。说到底，在中小企业其实难有人真正懂得打造品牌的方法，也难有人真正对大家都认为最为重要的品牌负责。

翻开任何一本讲述世界级企业的书，都会为这些企业打造品牌的方法叫绝，最具代表性的就是有"品牌帝国"、"品牌鼻祖"之称的美国宝洁公司（Procter & Gamble）。宝洁旗下有 300 多个品牌，产品畅销 160 个国家和地区，有 21 个品牌的资产价值超过 10 亿美元，2008 年，宝洁全球销售额达到835 亿美元，实现净利润 120 亿美元，利润率高达令人咋舌的 20%。宝洁中国年销售额达到 300 亿元。宝洁公司是全球第一家实行品牌经理的公司，直到现在仍在执行。品牌经理在宝洁公司具有绝对的权力，尽管其所辖部门也常常被称为"市场部"或"营销部"，但这个部门真正履行打造品牌的职能，在所有部门中它是名副其实的高半格，其他职能部门是真正地配合它开展工作（这是写进公司制度的，必须强制执行）。

这些公司对于竞争对手的即时情况常常了如指掌。竞争对手谁负责品牌

（市场、营销），负责人的特点是什么，正在研发什么产品，何时会有新品上市，上市营销策略是什么，有多少营销预算……似乎它就是竞争对手的老板一样。这些公司才真正懂得商战的含义。

宝洁是这样，沃尔玛、戴尔、苹果、大众、丰田、本田等企业，也是这样。

以上这些，中小企业能做到吗？到目前为止，笔者不但从未见到，甚至连接近的情况都少见。所以世界级企业一旦进入中国，常常攻城拔寨，市场占有率节节攀升，甚至占据半壁江山的情况也是屡见不鲜。尤其是在中国没有巨型集团性企业的行业更是如此。因此中小企业市场份额常常很小，仅能在中端，甚至低端市场苦苦支撑。

从能力上看，我国中小企业缺少的一是正确、高效打造品牌的能力，二是真正懂得商战（竞争）含义的能力。

回到组织结构上看，我国中小企业在组织结构上对应着欠缺的一是比其他职能部门真正高半格的品牌（市场、营销）部，二是真正懂得如何收集、分析对手信息，进而预测对手行为的情报（信息）部。

仅仅设置这两个部门不难，难的是以下的问题：

第一，并未真正懂得打造品牌的老板，能否真正将打造品牌的重任授权给品牌（市场、营销）部，而自己专注于企业战略、创新、商业模式等战略层面的工作。

第二，我国是否有真正、足够多的懂得如何打造品牌以及如何收集、分析对手信息，进而预测对手行为的这两类职业经理人。营销经理和品牌经理说到底是两个职业，能做好营销未必能做好品牌，但是反过来，能做好品牌原则上就能做好营销。

第三，在执行中，能否真正做到品牌（市场、营销）部高半格，其他职能部门围绕着它转。

第四，老板们是否有足够的耐心经营好情报（信息）部，把它上升到企业战略的高度，而不会将所谓网络维护、电脑报修、企业 OA 等琐事交给它，所谓的"花一分钱，就要干一分钱的活儿"，甚至"一个铜板掰成两半花"。这不是中小企业的惯有思维吗？

这正是笔者倡导的中小企业组织结构改革重点！

当然设置高半格的品牌（市场、营销）部、情报（信息）部，仅仅是形式，不同的企业，因规模、行业、发展阶段等不同，具体实施情况可以有差别，甚至很大的差别，关键是：一方面，任何企业都要有真正懂得打造品牌的头脑，要真正将打造品牌执行到公司每一天的工作中去；另一方面，心中要真正地敬畏、分析对手，根据对手的情况采取针对性的措施。

一万人的公司可以实行，一个人的公司同样可以实行。规模不重要，重要的是思维。

我们的买卖为何越来越难做了

在这个竞争日趋激烈的时代，各行各业的企业生存、发展普遍艰难，利润比纸薄，问题究竟出在哪里呢？是大环境使然吗？但我们难以改变环境。我们自身是否存在问题？如果是，存在哪些问题？又该如何改善呢？

现在的商界，人们碰到一起或通过各种方式交流"你的买卖怎样了？"得到的回答常常是"唉哟，别提了，买卖越来越难做了！""竞争太激烈了，利润比纸还薄，稍不注意就可能亏本！""现在的顾客选择越来越多，找到一个顾客，然后能满足他的需求，太难了！"如此，等等。不要以为这是见面打招呼时的寒暄，而是商业事实。所以我们看到不管是大公司还是小公司，不管是制造业还是服务业，不管是外贸企业还是内销企业，不管是高新企业还是劳动力密集型企业，普遍感觉"买卖难做"，很多企业不要说保持高速增长，即使维持基本的增长，甚至基本的生存，也是"难上加难"。

那为何我们的买卖越来越难做了呢？除了商业发展的必然趋势，不可控的外部环境之外，我们自身是否存在可以大大改进之处呢？下面笔者就从"定位"角度做个解读，抛砖引玉，供大家参考。

1. 不了解战场

枪林弹雨的战争，它的战场或在陆地，或在空中，或在海洋，或在高山，或在丛林，或在村庄，或在城市，或在河流，等等，《孙子兵法》云："故知战之地，知战之日，则可千里而会战；不知战之地，不知战之日，则左不能救右，右不能救左，前不能救后，后不能救前，而况远者数十里，近者数里乎。"这段话的核心就是战场的重要性，因此部队的指挥官在开战前常常会深入战场考察，至少要听部下汇报战场情况，以作为排兵布阵的重要依据。俗话说："商场如战场。"既然如此，商战战场的重要性就不言而喻了！

那商战的战场在哪里呢？有什么特征呢？如何利用这些特征展开针对性的"调动部队"、"排兵布阵"呢？现代卓越的企业，它们留下了哪些经典的商战案例，又该如何解释呢？给我们留下了哪些宝贵的经验、教训呢？现代商战的本质是什么呢？如果不能回答这些问题，我们如何能确保在商战中取胜呢！无数企业把渠道、终端作为取胜的关键，于是招募了庞大的营销队伍，发展了无数的经销商、代理商，进入了无数的商场、超市，甚至建立了无数的专卖店或连锁店，以为采取了这些措施就能确保在商战中获胜，事实呢？

兵败如山倒的情况仍屡见不鲜。

2. 不能差异化

惠普原高管高建华先生在其著作《赢在顶层设计》中，将市场经济划分成 4 个阶段，并提出与之对应的 4 个消费阶段，详见图 1 和图 2。

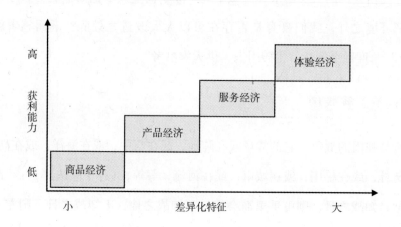

图 1　市场经济发展的 4 个阶段

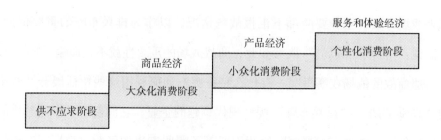

图 2　与市场经济发展相对应的 4 个消费阶段

显然我们已经过了短缺经济阶段，正从大众化消费阶段向小众化消费阶段过渡，个别领域甚至可以清晰地看到个性化消费的特征。回到企业，如果我们的观念、思维、产品仍然处于商品经济阶段，即不能创造让顾客感知到的差异性，我们就难以找到足够数量的顾客，买卖就会越来越难。那如何才能打造"顾客能清晰感知到的"差异性呢？这对无数企业来说确实是个问题，于是我们看见"同质化竞争越来越严重了"。假如我们是企业家，或是职业经理人，应该自问：我们掌握了如何让产品（服务）具备"顾客清晰感知到的"差异性吗？

3. 未能遵循"竞争导向"的原则

长期以来，我们将"满足顾客的需求"当成圣经，顶礼膜拜，于是就有了"顾客就是上帝"、"顾客的需求就是命令"、"顾客永远是对的"，甚至"顾客永远是对的，假如顾客错了，参照第一条（顾客仍然永远是对的）"。殊不知，我们的竞争对手也在同样的理念指导下，指挥员工，投入所有资源，开足马力，全力以赴地经营企业，于是等我们的产品送到顾客眼前时，竞争对手已经捷足先登，开始数钞票了。显然，在战场上，不是我们想干什么就能干什么，而是我们的敌人决定了我们能干什么，也决定了我们应该干什么。同样在商场上，不是顾客决定了我们应该干什么，也不是我们想干什么就干什么，而是我们的对手决定了我们只能干什么，我们应该干什么。这就是现代商战的一个重要特征，即"竞争导向"，而不是"需求导向"。因此，我们需要知道我们的对手在哪里？谁是我们的对手？我们的对手情况如何？我们的对手采取了哪些措施？我们的行为会导致对手采取哪些措施，我们又该如何应对？假如我把对手逼到墙角，对手会爆发怎样的能量？

4. 贪婪

假如问一个老板："我们希望企业保持多高的增长率？"得到的回答很有可能是："至少两位数，当然越高越好啦！"（能像蒙牛那样的神速更好）没错，我们都希望增长速度越高越好。于是我们会发现无数企业为了追求"越高越好"的速度（销售额）而不遗余力。

在商场上，我们常常看到一个产品的成功，会导致该产品各种规格、各种包装的面世，也会导致企业将很多产品用同一个品牌名，即品牌延伸；也看到一个企业在一个领域里暂时的成功，会导致企业迅速进入多个无关领域，美其名曰"鸡蛋不要放在一个篮子里"，理由曰"分担风险"；还看到企业过分挖掘老顾客的需求，因为"挖掘老顾客的需求，与开发新顾客相比，成本更低"。我们会竭力从成功的产品中获得最大的利润，很少会主动淘汰自己的产品（技术）；为了获得订单，追求利润，我们不惜过度承诺，不惜弄虚作假，不惜牺牲长远利益追逐眼前利益。

各位，我们太贪婪了！商场上的贪婪，一定会受到惩罚。曾经有许多有希望的品牌都是如此：红孩子如此，于是红孩子不但卖母婴用品，还卖各种生活用品；万达如此，于是万达不惜破坏行业秩序，成立了"万达百货"；小米如此，于是小米不但代表手机还代表电视、机顶盒，不但有小米，还有红米。他们或已经受到惩罚，或正在受惩罚，也或即将受惩罚。我们能否走出贪婪的怪圈，应该能的，格力的董明珠算一个，于是我们看见格力 20 年来的狂飙突进。加多宝算一个，于是我们看见加多宝只有一个红罐包装，很长时间里，在很多三、四、五线城市甚至看不到加多宝（能看到和其正、霸王凉茶）。当然，逝去的乔布斯更算一个，于是我们看见乔布斯给苹果旗下的产品分别用了不同的名字，而且每种产品规格可选择性非常有限，价格也高高在上，一副爱买不买的样子。

5. 误将"费用当资产，资产当费用"

顾客凭什么选择我们的产品（服务）？我们试着站在顾客角度想想我们

的企业，顾客知道公司占地多大，有多少面积的办公楼和厂房吗？顾客知道公司有多少台先进水平的机器，生产线的自动化程度究竟有多高吗？知道公司有几辆奔驰、宝马吗？当然不知道，也没有必要知道，否则所有的顾客都会被各种垃圾信息埋掉。

那顾客凭什么选择我们的产品（服务）呢？凭品牌！不管我们销售的是工业品还是消费品，也不管我们是实物产品还是无形服务，顾客最终记住的只是我们的品牌。"可口可乐"代表了可乐，一种清凉、解渴的碳酸饮料，"六个核桃"代表了一种益智的饮料，"康师傅"代表了方便面，"真功夫"代表了中式营养米饭快餐，"中欧商学院"代表中国一流水准的商学院教育……顾客不愿在心里预留更多的空间来记住我们的办公楼、厂房、生产线、机器、豪车，等等。从这个意义上说，这些东西都是没有价值的，至少不是最有价值的。那顾客凭什么知道、记住、选择我们的品牌呢？靠广告、公关，靠营销人员地推，等等，而这些在财务上正是"费用"，既然是费用当然越少越好。

综上所述，我们可以说：财务上认为越多越好的资产，常常只是费用；而财务上认为越少越好的费用，其实正是最为宝贵的资产。

假如企业经营者有一笔钱可花，猜想一下他会优先来添置硬件，还是市场宣传？很有可能是前者，因为前者在财务上是资产，而后者是费用。因此可以说我们很多钱的花费方式是有问题的，我们误将"费用当资产，资产当费用"。于是资产不足的情况下，要实现业绩增长，只能靠苦干了，所以我们感觉买卖越来越难做了。

6. 企业经营者没有将关注点放在机会上

这点笔者讲不好，但是认为极其重要，也是大家忽视的地方，因此还是写在这里吧，大家自行体会。

管理学大师彼得·德鲁克在其著作《成果管理》中这样说："成果来源于企业外部，企业内部没有利润中心，只有成本中心，成果的取得是靠挖掘机会，而不是靠解决问题，要创造出成果，资源必须被分配给机会。"何其精辟！

再回过来看看企业经营者们每天都在做什么？我们将一天中的大部分时间放在解决问题上了，比如如何让生产更有效率，如何让员工的流动率更低，如何让公司的执行力更强，如何让企业文化更好，如何让各个部门的配合更加顺畅，如何让亏损（经营平平）的企业扭亏为盈，如何实现旗下各企业之间的互动最终达到"两翼齐飞"、"打通走廊"的效果，诸如此类的问题。这些工作都是在解决问题，只能让公司更有秩序而已。殊不知这些问题的前提或者说战略就可能是错误的。为了让公司更加强大，企业经营者首先应该把自己的时间放在把握机会上，至少企业家们大多数的时间应该放在机会上，至于解决问题，留给职业经理人好了。

关于"我们的买卖为何越来越难做"这个话题，从不同角度（即使仅仅从"定位"角度），都会有很多可以挖掘的点，篇幅所限，本节仅谈六点，一是供参考，二是供启发，表明不是我们的买卖注定越来越难做，而是我们让自己的买卖越来越难做了。

从乱仗到胜仗——中小企业路在何方

商场如战场，战场的胜利首先依赖于指挥官高超的指挥艺术，"运筹帷幄，决胜千里”，而不能把希望寄托于士兵以一当十。然而在商场上，我们常常把希望寄托在员工身上，希望有更好的团队。事实上，越是这样的状况，越是说明我们的指挥系统出了问题，我们很可能在打一场乱仗，那又如何能胜出呢？

2014 年国庆期间，有朋友问：“假如在一个小镇上开了家饭馆，生意红火，其他中国人会怎样做？犹太人又会怎样做？”笔者明白这个问题的含义，显然其他中国人很可能会再继续开饭馆，以求分得一杯羹，结果竞争变得越来越激烈，最终变成了乱仗；犹太人则更可能会再开旅馆、服装店、加油站，等等，共同创造一个良好的商业生态环境，最终变成了大家共同发展的胜仗。尽管只是个假设，却并非毫无现实意义，事实上在我们周围，几乎各行各业，这样的乱仗比比皆是。

前些年，手机行业的繁荣，大家应该记忆犹新！摩托罗拉开创了手机行业，随之诞生了诺基亚、爱立信、三星等著名品牌，国产手机也几乎在一夜之间涌了出来，波导、科健、海尔、金立、夏新、TCL、联想、海信、长虹、创维，以及无数山寨手机。然而乱仗后，这些品牌还剩几家？手机行业几乎成了诺基亚、三星的天下。而当年的众多手机制造商中有几家预料到了智能手机的崛起？又有几家为智能手机的崛起做好了准备？包括诺基亚在内的手机大佬们都错过了智能手机的盛宴，拱手将江山让给日薄西山的苹果。三星是个例外。如今 iPhone、三星引领了智能手机的潮流，于是乎又是无数智能手机之间的乱仗，结果难以预料吗？

在各地，我们被无数美容美发店包围，然而你能分清他们之间的区别吗？相似的价格、相似的服务、相似的装潢，门口站着相似长度迷你裙的妹子，服务过程中和你聊着诸如“哥是干啥的”、“哥收入咋样”、“哥办个卡嘛”、“哥头发有点干枯，应该用啥啥保养一下”的话题，当然早晚在店门口整理队伍、喊口号也相似。作为顾客的你，清楚他们的差异吗？它们谁能胜出？

在各地，我们也被无数房地产中介包围，然而你能分清它们之间的区别吗？仍然是相似的服务、相似的价格、相似的装潢、顾问们相似的西装，同样在你楼下的门口、电线杆上、树上贴着"因房主工作调动，急售住房，南北通透，黄金楼层，价格超低，有意者联系138……非诚勿扰"。换个角度说，假如你有套房子出售，笔者猜你会到多个房地产中介公司登记，广种薄收嘛，然后等着顾问们带着一拨又一拨的买主看房。你清楚这些中介的差异吗？谁专卖别墅，谁专卖大户型，谁专卖市中心房子？它们谁能胜出？

对所有公司而言，什么指标最重要？可能要算销售额和利润了。为了提高销售额和利润，绝大多数公司使出浑身解数，于是你经常接到陌生骚扰型推销电话、短信，等灯时未经允许插在你车上的广告就不足为奇了。当你看到这样的广告又会如何想象那些所谓的著名公司呢？

深圳有家著名公司的业务员给我发这样的短信："大哥，我现在好久都没有出票了，看到别人出票就非常羡慕，要是自己出票就好了，在昨天下午6点开会的时候，我的经理问我明天不出票怎么办，我说当众甩自己10巴掌……大哥，希望你能帮帮我，某某敬上。"要知道他们销售的是策划界最牛人的培训门票啊！这算最煽情的吗？这家著名公司给了你怎样的"品牌联想"呢？各个分公司的老总们完不成任务会焦虑，完成了任务还是会焦虑，因为一定还有更高的指标在等着他们。他们的老板不也是在焦虑中度过吗？在如此激烈的乱仗中，你能期待商业腐败减少吗？为了提高销售额，我们在痛恨商业腐败的同时，其实自己也常常是其中的一分子。笔者猜你一定是身不由己。

假如笔者问你："当下，哪些行业是乱仗？"你肯定会脱口而出；而假如笔者问你："当下，哪些行业是胜仗？"你会想半天。

对中小企业，从乱仗到胜仗，或者说实现从"先战而后求胜"到"先胜而后求战"，不但应该，而且完全能够做到。那该如何做呢？

第一，消费者感知的是品牌，而不是企业。现代商业竞争中有种误区，即"以为企业是真正参与竞争的主体"，其实消费者感知的是品牌，而不是别的，品牌才是竞争的利器。比如农夫山泉瓶装水、白加黑感冒药、男士们经常使用的"吉列"剃须刀分别是哪个公司生产的？又比如大家熟知的顶级豪车宾利、迈巴赫、劳斯莱斯分别是哪个公司生产的？笔者在定位课堂上经常会先抛出这些品牌，然后问它们分属哪个企业。鲜有人能回答，即使有，能回答一两个就不错了。你是否也有类似的感觉？因此我们可以确定地说"消费者感知的是品牌，而不是企业"。这个结论很重要，这就要求企业一切经营活动的核心是品牌，而品牌绝非简单等于知名度、销售额，还有品牌忠诚度、品牌联想、感知质量。即使你是原材料或中间产品供应商，也一样可以打造品牌，否则微软、英特尔凭什么控制电脑整机厂商。没有品牌，你找客户；有了品牌，客户找你。

第二，要正视竞争，重视竞争对手。笔者曾经在公开课《战略定位深度训练——中小企业如何创品牌、定战略》中设计了这样一个环节：假如你的老板派你到某地建立一个分公司，你该如何做？通常的做法是拎着箱子，乘坐飞机（火车），到达目的地，租房子，办证照，买办公用品，招员工，开门纳客，每月根据总公司定的任务冲刺。然而在这个过程中，你认真考虑过竞争对手吗？"商场如战场"，既然在战场上需要分析对手，"打得赢就打，打不赢就走"，商场上不同样应该分析对手吗？因此，换个思路是否更好：拎着箱子，乘坐飞机（火车），到达目的地，分析竞争环境，产品定位，制定战略，实施战略。如果毫无胜出的可能，那就应该放弃这个市场。认为"自己的员工更优秀，自己的团队更有战斗力"的想法是靠不住的。其实，

大约 7 年前有本畅销书《蓝海战略》，对普通读者而言，或许这是第一次系统读到以价值曲线为中心的书籍。书中提到为了发现蓝海，需要对客户提供的价值进行增加、减少、创造、剔除等动作，从而形成新的战略曲线。然而因为中美文化的差异，美国案例与中国读者的距离，使中小企业经营管理者理解该书仍然具有一定难度。

《哈佛商业评论》等关于价值、战略等的阐述也有《什么是战略》、《亲近客户及其他价值原则》、《公司的核心竞争力》、《审计你的组织能力》、《价值创新：高增长的战略逻辑》、《"画"出企业的未来》、《战略困扰你？把它绘成图》、《寻求战略适应力》、《找到你的下一个核心业务》等文章，但这些文章都来自国外，当然用的就是国外案例，对中小企业经营管理者来说，运用这些案例具有相当难度。

为此，笔者力求提高本书的可读性，帮助读者们理解，进而制定战略。

战略一词源于军事，《韦氏新世界词典》这样解释战略："战略指规划、指挥大型军事行动的科学，在和敌军正式交锋前调动军队进入最具优势的位置。"在商业中，"战略是指让你的企业和产品与众不同，形成核心竞争力，对受众而言，就是鲜明地建立品牌。"然而究竟如何发现你的战略是否已经不再"与众不同"，甚至"泯然于众"，又如何让你的战略"与众不同"呢？一个简单的方法就是画出你产品的战略曲线，并根据内、外部环境让你的价值曲线"与众不同"起来。

以购物为例，假设把传统线下购物简化为便利店和大型商超，与电商的价值曲线进行对比，选取服务、货物保真、购物环境、安全性、商品种类、同类商品款式、价格、方便性、时间耗费、现场试用 10 个指标，以下是 3 种购物方式的价值曲线对比图：

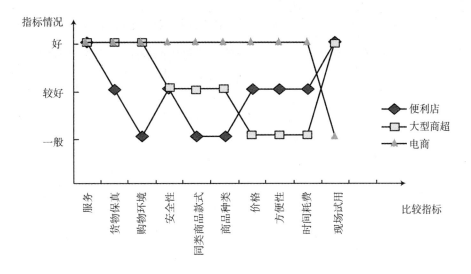

图1　三种购物方式价值曲线对比

从上图可见，便利店与大型商超相比，价值曲线存在明显差别，尽管它在货物保真、购物环境、同类商品款式、商品种类等方面不如大型商超，但在价格、方便性、时间耗费3个指标上优于对手，因此在电商诞生前，这两种业态能够和平共处，因为它们争夺的是不同的客户群。然而，电商的价值曲线与便利店、大型商超相比，除了"现场试用"一个指标稍逊外，其余指标均高于对手或至少持平，呈现出明显的替代性。所以，为了解决"现场试用"这个指标的不足，电商采用了多角度立体、逼真呈现商品物理属性，请模特拍照，以及退款、换货保障等方式，大大降低了这个指标的负面影响。现实效果就是电商大有"赢家通吃"的趋势，以至于造成便利店和大型商超的恐慌，更是无数线下店商倒闭的直接原因。

与我们日常生活息息相关的行业，比如美发、房地产中介，消费者没有感觉到这些行业企业（门店）之间的差异。比如美发行业，假如把门店地段、服务人群、价格、环境、便利性、服务方式等指标画成价值曲线，必定难以看出差异，于是消费者就有种无所适从的感觉，一旦有需求只能随便走进某家店面。如果某家店的某位师傅技术比较好，往往能为店面带来一定的客流，然而好师傅毕竟是稀缺资源，显然不能将店面的生意押宝在师傅身上。于是你就见到各个美发店的员工天天早晚列队在门外喊口号；你还见到各个美发店招揽了一些身材火辣、容貌姣好的 MM，穿着迷你裙站在门口迎宾。笔者曾在课堂上讲过："一家公司是否经常喊口号，常常是衡量公司战略是否存在问题的有效方式。"其内在原因就在于此。房地产中介、保险行业也与美发行业类似。

再从美发行业的分化看，至少可以分成时尚美发店和社区传统理发店。时尚美发店即在城市路边看见的门面，经营面积数十至数百平方米不等，装修考究，服务内容多，服务周到，价格从 20 元至数百元不等。社区传统理发店通常存在于小区边儿，甚至是小区一楼接出来一间房，属违章建筑，面积从几平方米到二三十平方米不等，服务内容单一，通常只有理发和普通烫发等项目，理发价格低至 8 元，以吸引中老年顾客，特别是男士为主。下图就是这两个业态的价值曲线。

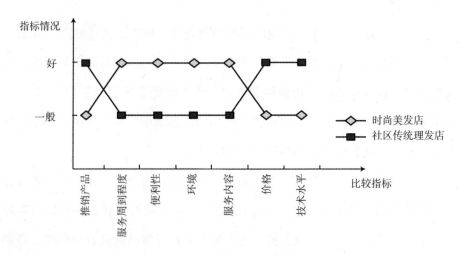

图 2　美发行业两种业态价值曲线对比

由上图可见，时尚美发店与社区传统理发店的价值曲线刚好相反，因此这两个业态就互不侵犯，和平共处。美发行业在这两个业态之外是否还存在第三种、第四种业态呢？答案是肯定的。那里一定埋藏着黄金！

由上两例可见，一旦一家企业的经营状况不佳，其首先要做的既不是让员工更努力，以至于天天喊口号，也不是盲目地加大营销力度，而是回过头来画出公司的价值曲线。与竞争对手相比，如果曲线雷同，则企业进入"零和"游戏的怪圈，未来堪忧；如果曲线确有差异，则就针对差异进行运营配称，传播差异。

那该如何画出产品的价值曲线，进而形成与众不同的定位呢？

第一步，需要认识到价值曲线的重要性。为此企业可以安排公司内部具有相当水平的管理干部或者聘请外部培训师、咨询师，在公司中层干部以上（含）讲解品牌、战略和价值曲线，统一公司认识。

第二步，分组绘制价值曲线。为了更准确、客观地获得产品的价值曲线，公司把中层以上的干部分成若干小组，每组 2~4 人不等，分别获取行业竞争对手以及替代品的数据，进而绘成价值曲线。然后绘制本企业产品的价值曲线，并与行业竞争对手以及替代品的价值曲线在同一张图上进行对比。

第三步，召开专题会议，各小组汇报、讲解本组的研究成果，每组的讲解时间原则上不超过 10 分钟，否则曲线就可能过于复杂而不具价值。所有完成的作品都贴在墙上，供大家随时观看、思考，这个过程可以持续 1~2 周。

第四步，投票。召开专题会议，邀请公司有关人员以及外界专家代表对各个小组的图公开投票，并阐述自己投票选择某条价值曲线的理由，以及为何没有投票给其他价值曲线。

第五步，定稿。公司召开高层会议，也可以邀请外界代表，确定产品的价值曲线。

第六步，根据价值曲线设计配称，提出宣传口号，然后在全公司宣讲，直至所有人都理解为止。

第七步，开始行动，并可以以 3 ~ 6 个月为周期审核进展情况，以及价值曲线是否应该更新。

每个企业都应该有类似的战略性行为，它能最大限度保证企业在战略方向上少犯错误，甚至不犯错误，保证企业的资源都围绕战略（定位）进行配置，直至胜出。

生死毫厘——如何判断项目成功的可能性

项目是商业领域经常使用的词汇，常常项目成，企业活；项目死，企业衰。项目的重要性可见一斑。那是否能在项目实施前就有比较简便、准确的方法帮助判断项目成功的可能性呢？

在定位（品牌和战略）咨询和培训过程中，经常会有客户拿着项目问："刘老师，你觉得这个项目能成功吗？"也会经常辅导客户如何将一个项目打造成功，当然更是经常有朋友专门拿着项目咨询我的意见。在这个创业热情空前高涨的时代，判断项目成功的可能性将越来越稀松平常。

对项目成功的可能性的判断至关重要，一旦看错，就可能给项目各方造成巨大损失，甚至是灾难性的。本节即从定位角度探讨如何看懂一个项目成功的可能性，希望对创业者，或者项目诸方有所启发，使其少走弯路，甚至不走弯路，增加成功的胜算。

看一个项目的价值，从大的方面看，可以从 4 个方面入手，然后又分为若干小的方面，具体如下。

第一，从项目拥有方看，包括以下3个小的方面：

一是项目拥有方的优势领域与项目的关系。企业并非万能，有自己的优势领域，也必然有劣势领域。我国企业习惯多元化发展，甚至不同项目所在领域之间的差别很大。如果项目正好在拥有方的优势领域半径内，则项目的成功可能性就大，反之则小。同时，项目距离拥有方的优势领域半径距离越大，成功可能性越小。比如在互联网领域具有优势的企业，若新项目在移动互联网领域，则成功可能性就大，若新项目属于农业领域，则成功可能性就小。

二是项目在拥有方诸项目（业务）中的地位。假如项目拥有方不止一个项目，则必定涉及资源分配的问题，包括资金，人才，领导人的时间、精力，等等，所分到的资源越多，则成功的可能性越大。具体各个项目（业务）所能分到的资源数量、质量，取决于各个项目（业务）在拥有方中所占的地位。因此引进一个项目，看该项目在拥有方诸项目中所占的地位，就是一个很好的角度。

三是项目拥有方的历史。通过看拥有方的历史，同样可以较好地判断当下项目成功的可能性。一个在历史上不轻易推出新项目，一旦推出就全力以赴地推动项目成功的拥有方，我们就有理由相信对于当下项目，拥有方会采取同样或类似的立场，来全力保证成功；相反，一个在历史上所推出的项目负多胜少的拥有方，我们也有理由怀疑当下项目成功的概率。

第二，从项目本身看，包括以下3个小的方面：

一是项目是否符合社会发展趋势。现在社会具有很多明显的发展趋势，比如互联网及移动互联网化，信息获取的便捷和高效性，衣食住行等人们的基本生活需求在总开销中所占的比重越来越小，而娱乐、旅游、社交等需求所占的比重越来越大，人们的衣食住行等基本生活需求也越来越个性化，环保、食品安全在社会和个人生活中所占的比重也越来越大，等等。因此看一个项目是否符合社会发展趋势，就可以很好地判断一个项目的价值。例如，有个朋友有意上一个罐头食品的项目，显然这个项目不符合食品健康和安全的趋势，项目成功的可能性当然就小了。又如，假如要上一个以传统纸质书为主要载体的项目，则该项目风险就较大。

二是项目能解决顾客什么问题。如果一个项目能解决顾客的多个问题，则这个项目成功的可能性就不大，反之，若一个项目只能解决顾客一至两个问题，项目成功的可能性就很大。因为能解决顾客多个问题的项目，在单项性能上往往并不优秀，这样就容易被单项性能设计优秀的项目击败，并且这样的产品往往会对顾客要求较高，只有高水平的顾客才能熟练掌握产品的各项操作。同样，一个项目能解决顾客明显存在的、亟须解决的问题，则这个项目成功的可能性就大；反之，能解决的仅仅是顾客并非亟须解决的问题，则项目成功的可能性就小。

三是项目推出的产品（服务）性价比如何。长期观察各个行业，笔者发现这样一个规律：凡是畅销的产品（服务），在性价比上，都能让顾客有一种占便宜的感觉。因此新推出的项目，其提供的产品，在性价比上能让顾客明显有占便宜的感觉，则该项目成功的可能性就大；反之，即使产品（服务）的性能很好，能很好地解决顾客的问题，但价格居高不下，则项目成功的可能性就小。

第三，从竞争环境看，包括以下3个小的方面：

一是与竞争对手的对比。任何项目都不是在真空中实施的，仅仅看项目本身的情况，并不能完全看清项目成功的可能性，还需要看竞争对手的情况。现代商战，始终要把竞争对手放在眼里，不但不能低估对手，反而应该高估对手，应该想到在关键时刻竞争对手所爆发出的能量会大大超过我们的预期。因此若该项目比竞争对手更早推出，且能分配到的资源优于对方，则项目成功的可能性就更大，反之就小。因此为了清楚地看懂项目成功的可能性，就需要认真分析竞争对手。

二是与市面上现有项目相比，是否有足够的差异化。模仿是没有出路的。质量、服务、价格并非竞争胜出的关键因素，仅仅是能参与竞争的基础而已。同质化竞争极有可能导致零和竞争。因此与市面上现有项目所推出的产品（服务）相比，是否有足够的差异化，就成为判断项目成功可能性的关键。差异化越大，项目成功可能性越大，极端情况是与市面上现有项目所推出的产品完全相反，这样的项目往往具有极大的成功可能性。比如微软公司的成功，就有赖于该公司所推出的产品是"软件"，与市面上已有的"硬件"完全相反；马云的淘宝网让卖家"免费入驻"的方式，也与易趣网让卖家"有偿入驻"的方式完全相反。而腾讯旗下的拍拍网就是模仿淘宝网，因此拍拍网成功的可能性就小。类似的例子不胜枚举。

三是新项目所在行业是否还有足够容量。如果新项目所在行业还有足够容量，即使该行业已有实力强劲的竞争对手，则新项目仍可能有较好的发展空间；反之，则应放弃引进项目。比如微信是一个广受欢迎的产品，纵然网易推出的易信性能优越，也难以被市场接受，而马云就干脆不在"来往"上发力，因为市场上难以同时容纳微信、易信和来往三个产品。

第四，从引入项目方看，包括以下3个小的方面：

一是引入的项目与引入方优势领域的距离。与看项目拥有方类似，引入的项目与引入方优势领域的半径距离也是判断项目最终能否成功的关键。距离小，成功的可能性就大，反之，成功的可能性就小。比如一个长期从事IT硬件生产、销售的企业，在软件的生产、销售上就没有优势，所以IBM旗下的软件类企业发展就不如意，而微软购入诺基亚成功的可能性就小。同样一个从事正餐的餐饮类企业，在快餐方面就不但不具有优势，反而具有劣势。引入与既有项目差距很大的项目，不但无益于新项目的成功，还会影响到既有项目的发展。

综上所述，凡是新项目与既有项目同属相同或相似的领域，则可全力引进、发展，反之则应慎重，除非引入方已决定进入新的发展领域。

二是与引入方其他项目对比，新引入的项目地位如何。与分析项目拥有方类似，新引入的项目与引入方已有的项目进行对比，地位越高，越能获得领导的重视，也就越能分配到更多、更优质的资源，成功的可能性就更大。因此引入方在引入项目之时，就要预估新项目在将来发展过程中是否能得到足够的重视，能分配到足够的资源，如能，则可引进项目，反之则应放弃项目。

三是引入方既有项目发展所处阶段。如果引入方的既有项目已经发展成熟，在行业中处于领先地位，既有项目能产生较好的现金流，则可以考虑引进新项目，且新项目成功的可能性也必将较大；反之，既有项目仍然处于发展过程中，产生的现金流不大，甚至还需要引入方持续投入资源推动发展，则应暂缓引进新项目。如贸然引进，则成功的可能性通常不大。

以上即从 4 个大方面、12 个小的方面分析一个新项目成功的可能性，希望对于判断一个项目成功的可能性具有一定的价值。对于一个项目成功的可能性的判断，需要综合考虑各个因素。当然不同项目，各个因素所起到的作用是有所差异的，需要具体问题具体分析。

企业可能存在战略性错误的五个表象

战略关乎企业生死，但不能以企业的生死来验证战略是否存在问题，在企业生死之前应该有一些现象反映出战略的正确或错误，我们要做的就像医生给病人看病一样，通过身体的表面状况，分析病症所在。

尽管对笔者这样从事战略咨询和培训的人来说，战略已经很具体，很好把握，有理论、有方法、有案例，还有成功经验，然而对大多数人来说，与营销、生产、销售、人力资源等相比，战略仍然很虚，被习惯地认为是"高大上，看不见、摸不着"，从而影响到人们对战略的有效把握，以至于笔者在做咨询和培训时，常常会有人问：战略究竟是什么？

战略既然对企业来说至关重要，那么，战略的正确与否必然在企业日常经营过程中表现出来，或者换个说法，通过某些日常表象，就可以判断企业战略是否出现了问题，以及问题的严重程度；也可以判断应该从哪个（些）角度出发去解决，等等（其实这些表象也是笔者为企业提供咨询和培训服务时，思考问题的重要参考）。因此，撰写本节的目的就是希望对广大中小企业经营者们判断企业的战略性问题有所帮助，希望中小企业在遇到类似问题时，不再头痛医头，脚痛医脚。以下就是笔者认为存在的，表明企业可能存在战略性错误的五个表象，权当抛砖引玉。

表象之一：资金长期紧张。

一个优秀的战略应该是基于企业现状设计的，过分宽松的现金流不利于企业获得最大的利润，而过分紧绷的现金流同样可能危及企业的发展，甚至导致企业破产。

2003 年，笔者接触到天津一家 IT 设备销售型企业，像很多企业一样，该企业每周一都会召开周会。笔者因为文笔较好，所以常由笔者整理会议纪要。很长一段时间，例会一个很重要的主题就是如何解决资金紧张问题。记得常常会有类似"现在企业资金已经非常紧张，销售人员要尽快收款，否则企业资金链就有可能断裂"的话。从这句话，完全可以想象会议室的紧张气氛。该企业租用了 1000 多平方米的写字楼，然而居然拿不出区区 9000 元的物业费。以笔者当时的水平当然看不出企业战略已存在问题，然而其实资金紧张只是表象，真正原因是企业产品已经明显落后于对手，产品的性价比已经不占优势。为了确保拿下订单，只能通过诸如降价、答应顾客延迟付款等苛刻的要求，同时还面临售后服务费用增加等问题，反映出来的表象就是资金长期紧张。为了解决此问题，该企业在例会上强调此事当然是必要的，然而最重要，也最为根本的是此时该企业应该尽快对产品更新换代，甚至不惜裁员以尽快渡过难关，这才是正确的、具有战略远见的做法。

河北省有家家具制造销售一体化企业，该企业在 2007~2008 年，资金已紧张到无法正常购买原材料，无法按时发工资的程度，老板每天眉头紧锁，无奈只有寄希望于银行贷款。其实该企业的品牌在市场上具有不错的影响力，销售还算正常，就在这种情况下，企业又上了三个系列的产品，按照企业的说法就是一代、二代，以及新一代产品，这三代产品几乎同时上马，需要大量资金，显然只靠老产品的现金流是无法满足这三代产品发展的；同时新上马的产品必然影响到老产品的销售，于是资金长期紧张就是必然的了。为了解决资金紧张问题，老板采取加大审批力度，减少购买物品等方法，甚至连买几个扫帚都要亲自审批，然而从战略层面说：既然该企业的现有产品仍在赚钱，那么加大现有产品的销售力度，同时缩减新产品的战线才是正确的战略性做法。

表象之二：人才流动性过高。

企业正常经营，保持人才的正常流动是必要的，原因在于"户枢不蠹，流水不腐"，以及我们常常说的"鲶鱼效应"，然而一旦人才流动性过高，就要小心是否是企业的战略出现问题了。

企业的战略存在问题，反映到现实中就是不管企业聘请来的人才多么优秀，都无法完成既定战略目标，于是老板就会不满，人才就会失落，流失就是必然的了。一个高级人才的流失，其影响是深远的，可能直接导致中、基层人才的流失，因此企业整体表现出来就是人才流动性过高。

四川有家电梯部件企业，该企业高薪聘请来的中高级人才很少能待上一年，以至于笔者推荐一个朋友出任该企业董事长助理时，董事长禁不住说："谁说我们没有人才，他不就是人才吗?"笔者的这位朋友也没能逃脱怪圈，半年之内就离开了，据他说"只有神仙才能经营好这个企业"。究其原因，该企业尽管占据国内电梯某种配件市场 30% 的份额，已经是明显的隐形冠军，然而，该企业的战略配称仍然是"作坊"级别的，严重影响了企业战略目标的达成，如此，高水平的人才难以留住就是必然了。

另外，这里打个比方：以正常速度骑自行车，无须高超的技术，然而，一旦车的速度降到足够低，为了保持车的平衡，就需要高超的技术了。经营企业也类似，只要企业的战略正确，即使平庸的人才也能胜任工作，也能保持企业正常的发展速度；反之一旦企业非超级人才不能保持正常的发展速度，企业的战略很有可能就存在问题了。

表象之三：产品利润稀薄。

只要企业的产品具有足够的差异化，进而进入顾客的心智，产品就具有"溢价优势"，或者说这样的产品反而需要保持溢价，才能在市场上有好的表现，因为顾客常常通过价格去判断产品的价值。反之，如果产品利润稀薄，或者涨价后就面临顾客大量流失的境况，则说明产品差异化不够，从而也就说明企业的战略存在问题。

这种情况在我国非常普遍，无数的行业，大量的产品陷入同质化竞争的境地，只能低价销售，长此以往，不但企业难以发展，而且还出现行业集体亏损的情况，比如我国的电器行业，近来据说方便面行业也出现了这样的情况。与此相反，大量进入我国的外国品牌，比如 iPhone 智能手机、iPad 平板电脑，奔驰和宝马轿车，以及最近上市的特斯拉电动汽车，当然还有我国电器行业的格力空调，等等，就是以高价占据高端市场，根本原因是这些品牌的产品具有足够的差异化，已经占据了顾客的心智。

表象之四：职责关系不能理顺。

战略清晰的企业，为了确保企业实现既定战略，企业的组织结构常常是简单而清晰的，部门与部门之间的职责也是清晰的；反之，一旦出现职责关系总是不能理顺的情况，这时，就往往不是仅靠设计优秀的组织结构，将部门之间职责划分清楚这么简单了，而应该上升到战略层面，看企业的战略是否存在问题。

辽宁有家集团性企业，年销售额不过 7 亿元，却同时进入了近 10 个行业，而且集团不同业务之间还有交叉，于是集团就出现了高管、部门之间职责总理不顺的情况。为了解决这个问题，集团董事长责成人力资源总监解决，可是人力资源总监费了九牛二虎之力也无法理顺。显然这时集团高管、部门之间职责总也理不顺的问题绝非人力资源总监所能解决，而应该上升到集团的战略层面进行思考，重新设计集团战略。从战略角度看，该企业的问题其实非常简单，只需要砍掉某些企业，聚焦经营即可，届时"职责总是不能理顺"的问题就会迎刃而解，或者至少会简单很多。

　　表象之五：喊口号表决心。

　　在战场上，一旦需要部队喊"狭路相逢勇者胜"、"人在阵地在"、"同志们，考验我们的时候到了"之类的口号之时，往往表明部队已经进入了生死存亡的关键时刻。

　　其实，在战场上，衡量一个指挥官水平的高低，并不是看他有多大能耐让陷入绝境的部队绝处逢生，而是他有什么能耐不让部队陷入绝境，仍然能（轻松）取得胜利。同样，在商场上，一旦企业经常需要员工喊口号表决心，这可能说明企业已经陷入生死存亡的境地，此时，与其让员工喊口号表决心，或者像 TCL 总裁李东生说的那样，要求员工"扎硬营，打死战"，还不如重新返回来看看企业的战略是否已经存在问题，存在什么样的问题。

　　这些年，房地产行业发展很快，包括房地产中介在内，几乎是一夜之间就冒出了众多房地产中介品牌，仅在天津，据不完全统计就有链家、我爱我家、中原、顺驰、同城、龙盛、恒基兴盛、中联、和家、鼎家等品牌，为了在竞争中胜出，这些企业就要求员工每天早上高喊口号，甚至做操、跳舞，大有"上战场拼刺刀"的架势。其实从顾客角度看，根本问题是顾客分不清这些中介企业之间有什么差别，比如谁卖小户型，谁卖大户型，谁卖别墅，谁卖商业用房，谁卖民宅，谁卖城市中心的房，谁卖城乡结合部的房，谁卖郊区（县）的房，等等，既然没有差别，那为了保证企业的正常经营，就不得不让员工不停地喊口号了。这才是问题的根本！

　　类似的情况在美容美发、餐饮、中小学教育，以及培训等行业也不同程度地存在。

　　以上即是简单整理的企业可能存在战略性错误的五个表象，不过能看出企业可能存在战略性错误的表象，绝不止这五个。事实上企业日常经营过程中很多问题的根本原因都可能追溯到战略层面，也只有从战略层面才能根本

企业不是在真空中经营的，你在想方设法满足顾客需求的同时，你的竞争对手也在做类似，甚至同样的事，或许竞争对手比你做得更好。"供过于求"是当代商界的普遍现象，很多企业的产品、服务都能满足顾客的需求，你能要求顾客只买你的，不买别人的吗？显然不能。

现代商战所处的时代，不是需求时代，而是竞争时代。竞争的根本不是产品、渠道、服务，而是顾客的心智。

误区之四：东边不亮西边亮，鸡蛋不要放在一个篮子里。

有种观念：中小企业资源有限，为了分散风险，企业不能把所有资源放在一个篮子里，即企业不应该仅仅经营一个产品或服务，而应该同时经营两个以上的产品或服务，这样企业才能做到东边不亮西边亮。海尔集团不正是这样做的吗？然而今天海尔在商界的地位早已大不如前，反而是把鸡蛋放在一个篮子里的格力势头强劲，篮子比较少的美的也还不错。

商战的最高原则是兵力优势原则。事实上，正因为中小企业的资源有限，才应该聚焦经营。外行人看来结局不是大赢就是大输，其实只要战略决策方法得当，大输的可能性很小，倒是很有可能大赢。

误区之五：做品牌的关键是质量、服务、价格优势。

人们常说："只要有过硬的质量，优质的服务，并保持良好的性价比，企业就能在竞争中胜出，最终创立优秀的品牌。"其实，这句话放在竞争不激烈的时代是正确的，然而，在竞争激烈的今天，在各个行业普遍供过于求的情况下，这句话就不正确了。因为质量、服务过硬，性价比良好的企业不止一家，甚至最终被消费者选择的也未必是质量、服务和性价比最好的一家。

很多品类，比如瓶装水，撕掉商标盲测，难以分出差别，而一旦加上商标，差别就出来了，因为真正的差别不在产品，而在顾客的心里。可口可乐是全球第一的饮料，你认为它就确实比百事可乐好喝吗？好喝在什么地方？

丰田是全球第一的汽车公司，你认为它的车确实比通用、福特、本田的车好吗？好在什么地方？耐克的鞋确实比李宁的好吗？好在什么地方？等等。在产品质量上顾客是难以分出差别的，差别早在顾客心里就已经存在了。

误区之六：中小企业作为原材料、半成品供应商，没法也没有必要做品牌。

中小企业常常作为原材料、半成品供应商而存在，那中小企业还有必要做品牌吗？

其实按照规律，任何一个行业发展到一定阶段，利润率便会达到顶峰，随着竞争的激烈，之后便逐渐下降，直到保持个位数的利润率。然而作为成品企业的供应商，仍然有可能保持较高的利润率，特别是科技含量高，发展远未成熟的部件，比如用于电脑的软件、微处理器，微软、英特尔就长期保持 20% 左右的利润率，以至于电脑整机厂商必须选择微软和英特尔的产品，这时候微软和英特尔就是品牌。因此，作为原材料、半成品供应商的中小企业不但有必要做品牌，甚至对于科技含量高、发展远未成熟的部件必须做品牌，这样，利润才高，发展才有保障。

从方法上看，原材料、半成品供应商与消费品相比，打造品牌的方法没有根本性的差别，只不过在具体行业，要结合行业特征差别对待而已。

误区之七：更好的团队才能胜出。

作为中小企业，假如两支只有 10 人的团队比较，可能能够分出输赢，而假如是 100 人的团队相比呢？就未必能分出输赢了。假如是 1000 人的团队相比呢？基本不可能分出输赢了。其实不是更好的团队确保企业在竞争中胜出，恰恰相反，是更好的企业吸引更好的员工，组成更好的团队。就好比两支军队，不能寄希望于士兵作战更勇敢，枪打得比敌人更准，相反，应该是依靠更好的指挥，即使是平庸的部队也能获胜。因此，中小企业通过打造更好的团队，提升经营管理水平从而在竞争中胜出是行不通的，相反，应该是更好的品牌、战略思路，依靠即使是平庸的员工，指导企业打造环环相扣的运营配称，在竞争中胜出，然后逐步提高团队水平，最终有一支能打硬仗的团队。

误区之八：更高的知名度、销售额就是更好的品牌。

中小企业常常错误地认为"品牌等于知名度"，"品牌等于销售额"，因此为了提高知名度，增加销售额而不遗余力，比如街头发小广告、促销，过度电话营销，微信里的骚扰广告，降价销售，要求每年必须保持多高的增长率，甚至以次充好、过度承诺，等等。显然品牌不等于知名度，否则三鹿肯定是全球第一的乳制品品牌了；显然品牌也不等于销售额，否则思八达肯定是中国培训行业的第一品牌了（在培训界，思八达就是一笑话，被无数行业人士嗤之以鼻，当然并非完全是酸葡萄心理，确实是刘一秒的课实在不咋地）。品牌当然包括知名度，品牌还包括品牌联想、感知质量、品牌忠诚度，以及其他品牌资产，所有这一切共同构成了品牌资产，最终反映在销售额和利润上。

误区之九：打造品牌是昂贵的。

打造品牌是昂贵的，然而绝非昂贵到中小企业不能承受的程度，事实上任何企业都有权利、都有能力打造属于自己的品牌。品牌可以是全球性的，可以是全国性的，也可以是区域性的、行业性的。认为"打造品牌昂贵到中小企业所不能承受"，那是不了解品牌，是片面地、错误地认识品牌。阿里巴巴今天是全球电子商务第一品牌，然而它起步时仅有 50 万元；海尔是中国家电第一品牌，然而 1984 年张瑞敏接手时还是个亏损 147 万元的小厂。当然还有无数在车库、宿舍创业，如今已成为世界级的企业。打造品牌，有钱更好，然而钱不是起决定性作用的因素，真正起决定性作用的因素是思维，特别是领导的思维。

任何时代，再小的个体也有资格打造品牌。与打造品牌的昂贵相比，没有品牌的企业才是昂贵的，甚至可能昂贵到企业破产。

误区之十：企业经营管理越好，就越能打造好品牌。

企业界，当然包括我国的中小企业，通过提高经营管理，向管理要效益，最终在竞争中胜出的企业不少（日本企业 20 世纪 80 年代在全球范围攻城略地就是正面典型），以至于误认为企业经营管理越好，就越能够打造好的品牌。其实在企业经营管理水平普遍比较低下时，这个说法是正确的，然而一旦你的竞争对手普遍提高了经营管理水平，就未必正确了。仍然是日本企业，这些年屡屡爆出的负面消息，也是这方面的负面典型，松下、夏普、索尼的信用度不是已经被评为 C 级，即"垃圾"级别了吗？其实不是日本企业经营管理变差了，而是其他国家包括中国的企业，它们的经营管理水平普遍提高了，使得日本企业在经营管理方面的优势缩小，甚至被抵消了。

因此这句话应该修正为："在战略方向正确的前提下，经营管理越好，就越能打造好的品牌。"

以上即我国中小企业十大品牌、战略观念误区，还有吗？肯定还有，本节不过是抛砖引玉而已。加油，中小企业，加油，中小企业主！

貌似英明——简要从战略层面剖析中小企业常犯的十个错误

长年与中小企业摸爬滚打在一起，常常发现本来存在成为伟大企业的苗子，最终成为一个平庸的企业，而这又常常是中小企业自己全力以赴犯错误的结果。

研究定位很多年，以中小企业为主体，传播定位也有两年多了，见过了很多中小企业。客观讲，有特色、有很好前途的不多，绝大部分都平平淡淡，甚至看不到成长为卓越的、领导行业潮流的希望，因此在这些企业的员工也就难有很好的前景。或许这也是我国企业员工流动性比较大的一个原因吧！跳来跳去的员工，最终发现绝大部分企业大同小异，要想在企业实现抱负，难啊！企业没有前途，个人哪有前途。创业，更难，于是"做一天和尚撞一天钟"，最终在外获得一个"中国员工职业素质差"的名声！其实不少企业是手里抓了一手好牌，却让自己给打砸了。

要全面分析中小企业为何难以成为卓越企业，绝对可以写成一本畅销书，也绝非仅仅从战略层面就能涵盖的。本书试着仅从战略层面简要剖析中小企业常犯的十个错误，一来对中小企业经营有所借鉴，二来作为行业同仁分析中小企业抛砖引玉之用。

错误之一：跟进趋于成熟的市场。

曾经有人对比过中美两国创业者，发现一个很显著的差异：美国创业者喜欢进入无人进入的市场，从零起步开创一个新品类，而我国创业者喜欢进入一个比较成熟的市场，通过细分市场，分得一杯羹。因此，面对一个市场，中美两国创业者常常会问类似的问题："这个市场谁在做？"假如无人做，美国创业者选择进入，成为吃螃蟹者，最终成长为一个巨无霸；我国创业者则选择等待、观望，最终错失一个个伟大的机会。于是我们看到可乐、连锁快餐、电脑、软件、智能手机、平板电脑、搜索引擎、门户网站、飞机等无数新品类，都诞生于美国，且都成长为一个个具有巨大价值的品类，而我国鲜有从零起步，开创一个巨大品类的企业，因此即使在我国一流的企业，放在全球范围看，也难称一流。中美两国创业者的思维差异，在中小企业的经营中同样存在。

到底是开创一个从零起步的品类风险大？还是进入一个趋于成熟的市场风险大？我们的认识常常是个误区。一个从零起步的新品类，尽管面对很多的不确定性，但竞争小，而且品类成长空间巨大，极有可能成就一个领导品类潮流的企业；相反，一个趋于成熟的市场，必然有企业在相关关口重兵把守，企图分得一杯羹，谈何容易。这样看来，进入一个趋于成熟的市场，风险其实未必就小。

至于如何规避开创新品类的风险，其实也是有章可循的。一是以史为鉴，二是分析顾客心智思考的规律。只要正确分析，完全可以将因开创新品类而导致的方向性错误的风险降至最低。

错误之二：过早多元化。

包括我国在内的全球范围内的企业，一个最容易犯的错误就是"过早多元化"，不过可能在我国这样一个狂飙突进，每天都有机会的时代，面对"穷了几千年了"的事实，我国的企业家更容易过早走向多元化。在我国，多元化的集团多如牛毛，但强大如苹果、微软、英特尔、谷歌这样的世界五百强，人家仍然是公司，而非集团。我们给自己找了个美丽的借口——"鸡蛋不要放在一个篮子里"，于是在这样的大环境下，不管手里有几个鸡蛋，都会相应准备好几个篮子。可是我们发现当年把鸡蛋放进好几个篮子的春兰、春都（火腿肠），垮了；而反其道而行之的格力、双汇，火了。类似的例子还有很多，很多都是打着学习 GE 的名义进行多元化的，可是多年过去，GE还在，而很多中小企业早已被人淡忘。

对中小企业来说，资源有限，并且在我们这样一个幅员辽阔、人口众多的国家，绝大多数品类都有无限的成长空间，中小企业最佳的做法其实并非以分散风险为名，将鸡蛋放在多个篮子，反而是把鸡蛋放在一个篮子里，并调动所有资源看好、做大这个篮子，直到成为品类的数一数二，然后才可以考虑多元化问题。与"鸡蛋不要放在一个篮子里"相比，同样有名，更需要广大企业经营者记住并恪守的是"术业有专攻"。

多元化与聚焦之间并非天生冤家，关键是要处理好二者之间的辩证关系，盲目多元化毫无前途，抱着一个前途不大的小品类也并非聚焦的本质。

错误之三：品牌延伸。

与很多国家的企业经营一样，我国包括中小企业在内的无数企业，都喜欢用一个品牌名命名多个产品，比如美的、TCL、海尔、长虹，当然还有日薄西山的春兰。表面看来，品牌延伸的好处显而易见，可以最大限度节约新产品的销售费用，最快速度让新产品被顾客所认知，进而产生购买。然而我们这样做时，品牌在顾客心中的印象也越来越模糊了。心理学家们经过长期的研究，发现心智容易丧失焦点。

品牌延伸或许是企业所犯错误中危害最大的一个，重要原因是品牌延伸对于企业造成的损失具有滞后性。当企业实施品牌延伸时，通常会经过三个阶段：第一个阶段是销售额和利润同时增加；第二个阶段是企业的狂欢，从而进一步陷入品牌延伸的深渊；第三个阶段才是公司遭受损失，严重时可能会导致公司破产。

品牌延伸几乎是不知不觉、顺理成章的，因为它符合人的天性，也有很多貌似可以作为榜样的案例，然而高水平的企业家应该自觉抵制品牌延伸的诱惑，坚决走多品牌的道路，就像宝洁、苹果公司那样。品牌延伸和多品牌同样都耗资不菲，不过品牌延伸是耗资于破坏品牌，而多品牌经营是耗资于建设品牌。

错误之四：把企业传播给顾客。

对于顾客来说，企业和品牌，到底哪个重要？这个问题对于具有一定定位知识的人来说，根本不是问题，然而对于很多企业的经营者来说却是问题。反映在营销上就是宣传的混乱，站在企业的角度，把企业的一切优点都告诉顾客，生怕漏掉任何一条。顾客记住的是企业还是品牌？这个问题其实很好回答。做个调研，我们耳熟能详的 6 个著名品牌——白加黑感冒药、六个核桃饮料、农夫山泉瓶装水、中华香烟、牛栏山二锅头、劳斯莱斯汽车，它们分别是哪个企业旗下的品牌？笔者在课堂上做过数十次调研，至今尚未发现能全部回答的人，能知道一两个就算不错了。这个小调研说明了顾客根本记不住企业，而仅仅能记住品牌，因此把企业信息一股脑儿告诉顾客的做法是错误的，正确的做法是把产品品牌告诉顾客。从另一个角度说，我们市场上的机会何其多啊，因为无数品类根本就没有强势品牌在把关。

对于企业家及高管来说，企业和产品当然重要，然而对于顾客来说，几乎毫无价值，因为，顾客没有动力，容量有限的大脑也不可能腾出足够的空间记住企业，能记住品牌就不错了。

一个品牌成功的因素有很多，但是假如一个品牌不能用一句话，甚至一个词就能说清楚，那这个品牌成功的希望就很小。因此企业在宣传产品的时候，提炼出一句话，甚至一个词就是一项至关重要的工作，然后围绕这句话、这个词进行传播。

今天的顾客的心智比任何时候都疲于应付，都容量有限，都喜欢简单，顾客的心智难以改变，企业经营者只有适应，别无他法！

错误之五：钱优先花在固定资产上。

就像中国的老百姓喜欢把钱花在盖房、买房上一样，企业界也喜欢把钱花在固定资产上，比如一掷千金购买土地，建厂房，盖办公楼，添置先进设备，甚至买豪华轿车，然而与此形成鲜明对比的是，在诸如组建高水平的营销队伍，构建完善的销售渠道，增加宣传手段等方面，却是一省再省。在添置固定资产上，我们常常豪气干云，在预算营销费用上，却是锱铢必较。因为与添置固定资产相比，在营销上花钱不但常常来无影去无踪，甚至面临着花了钱打水漂的情况，不像固定资产那样，花一分钱见到一分钱的效果。然而从顾客角度看，真正影响顾客购买产品或服务的是该企业的品牌，而营销是最有效的打造品牌的方式。我们的厂房盖得怎么样，办公楼是否足够豪华，生产设备是否足够先进，开的是夏利还是奔驰，顾客难以感知到，也不会去感知，因此真正会花钱的企业恰恰应该在营销费用上大度些，在添置固定资产的费用上吝啬些。

错误之六：战法单一。

现代化的战争要求一个国家国防的强大，一定是海陆空三军的整体强大。而一场全局性、现代化的战争也一定是海陆空三军的完美配合。商场如战场，因此一个企业的强大营销，也一定是各种手段的完美配合。笔者曾经在课程《战争 VS 商战》中将海军比喻成公关，将陆军比喻成销售人员，将空军比喻成广告。然而现在的企业长于运用销售人员，短于运用公关、广告，这样的战法必定代价高昂，且难以建成一个强大的品牌，也就必然难以支撑一个强大的企业，因为常常会"杀敌一千，自损八百"。企业三军（公关、广告、销售人员）战法特点是什么？军力应该如何配比？在实战中三军应该如何恰当地配合？等等，都是一个现代企业应该掌握的技术。在无数企业对三军战法不熟练的当下，正是给了有远见、有魄力的企业脱颖而出的机会。

错误之七：产品款式越多越好。

当企业的新产品投放市场后，为了满足不同细分人群的需求，企业常常很快会推出多个款式、多种包装、多种价格，甚至多个档次的产品，在短期内，常常会导致销售额和利润的增加，于是企业会在这条道路上越走越远。然而我们看身边成功的品牌，发现不少品牌几乎只有有限的选择，甚至有些根本不给顾客选择，比如 iPhone、iPad、可口可乐、王老吉（现在的加多宝）凉茶、真功夫的菜品、康师傅方便面，等等。显然并非这些品牌所在的企业没有能力，实在是产品款式并非越多越好。产品款式越多，顾客的选择就越复杂，即使他们选择了你的产品，但内心依然会疑惑："是否还有更好的选择?"于是降低了满意度。另外，当款式太多时，顾客可能存在逃避选择的倾向，最终不选择你的产品。最重要的是，款式越多，品牌在顾客心中留下的印象就越模糊，从而不利于创造品牌。这就是所谓"选择的悖论"。

错误之八：启动市场越快越好。

绝大多数中小企业都认为，当新产品推向市场时，启动市场的速度当然越快越好，因为可以快速获得销售额，快速获得利润，于是天上地下，企业调动一切可以调动的资源，对市场狂轰滥炸，市场也快速响应，公司迎来第一波销售高潮，进而刺激企业展开更加猛烈的宣传，可是最终企业发现市场并没有像自己所期望的那样继续增长，反而因为启动市场速度太快，导致一系列的负面问题出现。例如，过多的非目标顾客人群，购买了产品，他们并不满意产品，从而在市场上形成过大的负面声音；企业并未准备好接待汹涌而来的购买热潮，导致售后服务跟不上；企业没有足够的时间完善新产品；各种营销手段配合不好，导致企业营销费用虚高；等等。

正如一场战争的开打，并非一开始就应该狂轰滥炸，而应该仅仅是侦查小分队获取信息，小股部队袭扰，零星的火力侦察，局部的冲突，等等，这时候获得敌人的信息比消灭敌人更为重要。商战也如此，以适当的甚至缓慢的速度启动市场，其最终效果反而胜过快速启动。这点在考验着营销总监，甚至老板的判断力、耐心和调动资源的能力。

错误之九：大打价格战、促销战。

价格战、促销战已经是我们这个时代的主流营销方式，似乎不打价格战、不促销，就不能拿下市场，不能体现营销总监和老板的水平，以至于在品类中排名靠后的企业也敢于扛起价格战的大旗向老大宣战（这和当年毛泽东所说的"叫花子与龙王比宝"有何差别）；以至于不少企业平时所做的工作很多是为逢年过节促销做准备的，把销售的希望寄托于短时间的促销。其实除非后来者有"结构性的成本优势"（比如当年的戴尔电脑、沃尔玛超市，我们身边的小米手机），否则一个品类中最有资格打价格战的永远是品类领导者。市场跟随者发起的价格战，品类领导者不是能不能跟，而是想不想跟的问题，因此，市场跟随者发起的价格战一开始就注定毫无胜出的希望。促销，很多时候就是慢性自杀，企业希望通过促销吸引新顾客，然而埋单更多的是老顾客，以至于形成了"不促不销"的局面。

顾客相信"一分钱一分货"，因此"物美价廉"在顾客看来就是幻象，是商（厂）家的宣传手法而已，顾客打心眼里是不相信的。放眼看去，有几个品牌是靠"低价"创立的，反而是靠卖高价卖出了一大堆的大品牌。中小企业应该在"如何才能卖出高价"上动脑筋，这条路远比"低价"更宽广，更有前途。

错误之十：过分深耕老顾客。

在"开拓新顾客的成本远远大于挖掘老顾客"的名义下，无数的企业将重点投向了老顾客。老产品，让老顾客重复购买；新产品，让老顾客尝试购买。然而衡量一个品牌的生命力其实并非在于老顾客，而是看能否持续不断地开发新顾客。新顾客的尝试、跟风购买，可以不断造成产品的热销态势，进而推动老顾客的重复购买。而老顾客的重复购买却会向市场传递"产品老化"、"增长乏力"的信息，从而抑制新顾客的购买。

不断开拓新顾客而不顾老顾客，不断挖掘老顾客的潜力而忽略开拓新顾客，都是错误的，应该保持两者之间的平衡。企业在区域市场的选择、市场宣传、新老产品的投放重点等方面，针对新老顾客都应该，也必须有所区别。

以上即从战略层面简要剖析的、中小企业常犯的十个错误，当然其实远非十个，企业的经营者在经营中，要保持正确的判断，不教条，敢质疑，多与战略专家、品牌专家交朋友，就能更好地避免犯战略性错误。因为一旦犯了战略性错误，其结果可能是灾难性的，平时多准备，战时少流血！

中小企业提高品牌和战略素养"五步法"

与生产、销售、人力资源、采购、财务等相比，在中小企业家和高管眼里，品牌和战略常常很虚无，且不易把握，那是否有简单实用而又行之有效的方法来提高品牌和战略素养呢？

在阅读本书前面部分后，读者对于品牌和战略已经有了一定了解，那作为一个企业，有没有比较简便的方法来提高自身的品牌和战略素养呢？有的，这就是真正实现用品牌和战略的思想来指导企业经营。下面我们一起来学习中小企业提高品牌和战略素养的"五步法"。

第一步：明确品牌、战略到底是什么。

既然要提高"中小企业品牌和战略素养"，那当然第一步就是要明确品牌、战略究竟是什么。可能这是一个在很多人看来，最不需要探讨，然而事实上最需要探讨的问题了，因为我们对于品牌、战略的误解实在太深！

如何衡量一个品牌的好坏、大小？难道这也是一个需要探讨的问题吗？当然是销售额越高，品牌越好了。这就是我们对品牌的第一个，也是最深的一个误区。其实我们对于品牌、战略还有很多误区，笔者在前文《我是谁——我国中小企业十大品牌、战略观念误区》当中已经详细讨论，不再赘述。

何谓"品牌"？百度一下，或者查阅专业的管理类书籍，有很多定义。笔者经多年实践，通俗地讲：品牌，指的是顾客购买你的产品，而不买别人产品的理由。那如何衡量一个品牌的强弱呢？换个品牌名，看顾客是否仍然购买。如仍然购买，则品牌弱；如不购买，则品牌强。比如在天津高新区旁的迎水道上有个"华莱士炸鸡汉堡"店，马路对过就是麦当劳和肯德基。同样是炸鸡、汉堡，麦当劳和肯德基每天客流熙熙攘攘，人流如织，而华莱士生意冷冷清清。其实不是麦当劳和肯德基的汉堡、炸鸡做得有多好，而是麦当劳、肯德基是强势品牌的缘故。

那何谓战略呢？"战略"的概念来源于军事，"定位之父"杰克·特劳特说："战略，指规划、指挥大型军事行动的科学，在和敌军正式交锋前调动军队进入最具优势的位置。"（摘自《韦氏新世界词典》）在商战中，战略指的是让你的企业和产品与众不同，形成核心竞争力，对受众而言，就是鲜明地建立品牌。

综上可见，品牌和战略密不可分，脱离了品牌的战略毫无意义，没有战略支撑的品牌也必定是虚弱的。

第二步：中高管学习品牌和战略的理论、方法。

品牌和战略是一个体系，非进行系统的学习、训练不能掌握。我国中小企业在这方面是短板。即使老板、中高管们在每天的工作中品牌、战略不离口，然而真正准确理解其含义的人凤毛麟角，更别提掌握和熟练运用了。其实，我们习以为常的企业经营管理方法，比如大规模做广告、到处发宣传资料、促销、搞活动、价格战，等等，在跨国企业眼里，就是小儿科。所以我们难见跨国企业这样做，不是人家不会，而是不屑。借用惠普原高管高建华老师的观点：真正的品牌运作不是天天在公共场合的"舞台表演"，而是"地下工作"。假如中小企业的中高管们熟练掌握了这套体系，企业花更少的资源即能在竞争中胜出，各个企业之间也将形成一个良好的生态系统，而不是像现在这样挤独木桥，同质化竞争严重。届时我国经济大环境将会更加健康，我国的综合竞争力必将更强。

企业中高管需要静下心来读一下品牌和战略方面的著作。把老师请进来，自己走出去，像一个学生一样，参加品牌和战略方面的课程。

第三步：调整企业组织结构及相关部门、人员工作职责。

组织结构的重要性不言而喻。其实企业在经营管理过程中出现的问题，很多可以追溯到组织结构上去，比如执行力问题、销售不力问题、人浮于事问题、员工间的人际关系问题、部门之间衔接问题、生产质量和成本问题、库存问题，等等，都有可能或至少部分是因为组织结构出了问题。因此中高管们系统掌握了品牌和战略的理论、方法后，需要做的工作就是重新审视，然后调整企业的组织结构，进而重新定义相关部门、人员的工作职责。这是一个低成本、高效率的事情，很值得中小企业做好。

此步，读者可以参考前文《一切为了品牌——我国中小企业组织结构改革重点》，会有启发。

第四步：实践及建立定期会议和反思制度，定期调整做法。

有了前三步，接下来就是义无反顾地实践了。不管掌握到什么程度都需要实践，否则永远也不能真正掌握。

物理学上有一个熵定律，被称为科学定律之最，这是爱因斯坦的观点。我们知道能源与材料、信息一样，是物质世界的三个基本要素之一，而在物理定律中，能量守恒定律是最重要的定律，它表明了各种形式的能量在相互转换时，总是不生不灭保持平衡的，即一个孤立系统的总混乱度（即"熵"）

不会减小。在企业里也是如此，即每过一段时间，企业的某些方面就会自动变乱。就像我们家里的衣柜一样，要想保持衣柜的整洁，每过一段时间都需要重新收拾一次。由于观念、思维的惯性，以及可能对品牌、战略的掌握不扎实等诸多原因，每隔一段时间企业在品牌、战略方面的做法就会自动变乱，如果不能及时纠正，就可能越来越乱。因此建立定期的会议和反思制度，定期调整不正确的做法，是绝对必要的，它可以有效地防止企业在错误的道路上越滑越远。

第五步：回到第一步，从头开始。

品牌和战略素养的提高不是一劳永逸、一蹴而就的事情，需要持之以恒的努力，因此，此步的目的就是要让企业提高品牌和战略素养的行为成为一个闭环，它可以保证企业的品牌和战略素养螺旋式上升，最终达到一个很高的水平。

以上五步都是从企业角度阐述，在提升品牌和战略过程中如果有捷径的话，那就是聘请专业的品牌和战略顾问帮助企业。俗话说"术业有专攻"，品牌和战略顾问在专业方面的能力绝非一般企业中高层可比，因此虽然聘请顾问需要一定的费用，然而与他们为企业创造的价值相比，这笔投入显然超值。不要算小账，要算大账。

企业转型的危与机

国家要求企业转型，国家为企业的转型提出了应对之策，学术界也纷纷为企业的转型提出了建议，然而作为企业的我们自己，究竟应该如何实现转型呢？转型过程中的危与机体现在哪里呢？

从 2014 年开始，在天津，远东百货、百盛、津乐汇、劝业场西南角店等为代表的一些大型百货商场纷纷倒闭，位于天津市中心的滨江道，更是有无数门店纷纷关张。这种情况并非天津独有，在全国各地恐怕是大同小异，只是程度不同而已。国美、苏宁这两个曾经在我国具有超强影响力，代表着先进零售形态的电器专卖巨无霸，这几年同样江河日下。苏宁 2013 年销售额1053 亿元，净利润 3.72 亿元，净利润率仅 0.35%；国美 2013 年销售额 564亿元，净利润 8.92 亿元，净利润率仅 1.6%，股价更是跌至不足 2 元。苏宁、国美现在的境遇与辉煌时相比不可同日而语，目前苏宁、国美正在竭尽全力向电商转型，能否成功尚未可知，不过即使转型成功恐怕也是九死一生、元气大伤，在零售业沦为一个普通角色。百货业、零售业的萧条、倒闭就在我们身边，最能被我们所察觉，事实上，这仅仅是冰山一角而已。几乎各行各业都面临着类似的倒闭危机。

打开网页，关于企业转型的文章汗牛充栋，中央领导也是在各个场合重点谈到中国经济转型、企业转型，企业界更是竭力实现转型。笔者工作在咨询、培训一线，常常与企业界打交道，对企业转型之紧迫性有切身体会，然而最近到长三角等经济发达的地方提供咨询服务，接车的正好是企业董事长，一上车，董事长就说："我们这里是重灾区，不少企业已经倒闭，互保现象也很严重。"调研结果如董事长所言。第二天到了另外一家企业，来之前，已在网上搜集了相关信息，感觉这家企业状况要好很多，然而现场调研后，仍然不容乐观，笔者也向企业领导表达了自己的担忧。之后与有关企业打交道，所了解到的情况大同小异，甚至有过之而无不及。据说，2015 年 4 月海尔的张瑞敏在向李克强总理汇报，谈起企业转型时提到"自杀重生，他杀淘汰"，张瑞敏还说："我做海尔 30 多年，我一直认为有两个绝杀的武器：第一个，我有 8.2 万的产业工人，经过 30 年的训练，全世界最精炼的工人是山东人，纪律性很强；第二个，我在全国有万家海尔连锁店，全部是直营和加盟的海尔专卖店。这两个是我以前大杀全国的武器，然而今天这两个武器差点把我干死。我的利润、人员、生产线、研发、物流、品牌、管理全部产生危机。"

2014 年笔者在我国西部省份的一家企业做咨询，在向企业汇报调研成果后，企业老板说："我们企业已面临着极大的风险，我隔壁的企业某总已经跑路了，我不想我的企业倒闭，我很害怕，希望你们能帮帮我。"短短数语，令我们团队成员直掉眼泪。假如没有成本压力，笔者宁愿免费给他提供服务。说实话，这家企业成功转型的可能性不大。

今天，无数的企业都面临着被自己过去成功经验干死的境地！

转型，已经刻不容缓，然而，问题是该如何转型？该向哪个方向转？

国家、学术界，乃至企业界似乎开出了药方，那就是从中国制造转型为中国创造，中国制造转型为中国智造，传统企业转型为"互联网＋"，规模生产转型为个性化定制，产业重型化转型为互联网＋新金融……

吴晓波在他的一次演讲中提到："前年我在上海讲课，一个浙江温岭做服装的老板听我讲课，我说互联网对行业有很大的冲击，我说要转型，他回去就转型了。今年年初来听我讲课，他说亏了 500 万元，他的营业额是 6000 万元。他说线上比线下还难做，线上线下价格不一样，经销商体系把他搞得半条命没有了，到了网上发现线上成本比线下高，要买页面，要搞光棍节的促销，货是卖出去了，赚不到钱。我说为什么赚不到钱？我说 2014 年阿里巴巴的净利润是多少？阿里巴巴的净利润是 46.8%，46.8% 就是这个老板付的学费，阿里巴巴赚的钱都是我们传统企业付的学费。"

在生死存亡时刻，为了所谓的转型成功，钱是企业界认为的最重要的要素，于是企业为了弄到钱，不惜冒着风险互相担保向银行借款，不惜冒着极高的生死风险向民间借高利贷，最后当这些路都走不通后，破产、跑路、自杀就一点儿也不令人感到奇怪了。

在国家经济面临转型的时期，国家、学术界当然有立场、有方法，然而对于我们企业界的每个企业个体、每个企业家而言，既然我们不是中南海的命，当然就不能操总理的心，我们只需要根据自身的实际情况，采取符合自己情况的措施。盲目跟风所谓的中国创造、中国智造、互联网＋，个性化定制，互联网＋新金融，等等，后果可能会很严重！

回过来看：为什么转型问题对我们来说是如此迫切呢？

原因当然很多，国际、国内的，经济、政治的，甚至中日问题，中国南海问题，朝鲜半岛问题，乌克兰危机，美伊核问题，伊拉克伊斯兰极端组织，等等，都会有所影响，因为世界是平的嘛！然而，甚至不需要思考都会得出结论：我们既是这场转型危机的受害者，也是危机的参与者，始作俑者。打个可能不是很恰当的比方：面对现代化的商战，绝大多数企业的观念、知识体系、方法等，还停留在冷兵器时代，天长日久，由量变到质变，企业之间陷入高度同质化零和竞争中，大家比质量、比价格、比服务，整个商业生态环境遭到极大破坏，最终每个企业都难以自我保全。冰冻三尺，非一日之寒。今天很多具有开创性的商业创新都不是来自我国，比如互联网，苹果的 iPod、iPhone、iPad，搜索引擎，博客，微博，即时通信，等等，这绝非偶然，我们善于模仿，善于同质化竞争，善于打擦边球，但我们不善于开创蓝海。企业界也是如此，千篇一律，毫无生气。因此，谈起转型，我们原有的商业思维模式、操作模式或许是最亟须转型的。

如何才有可能实现转型，进而升级呢？

海尔张瑞敏的话"自杀重生，他杀淘汰"很有代表性。不但对海尔适用，对大型企业有用，对于无数中小企业同样适用。他杀必定淘汰，自杀或许也不能重生，但给了自我重生的机会。因此中小企业要主动向自己开刀，包括更新观念、重塑知识、提高技能、抛弃经验，等等，总之未来的商业环境已经大大不同于过去，为了应对未来，需要战胜自己。战胜自己是最为困难的。这个过程不但会让自己不舒服，甚至会经历壮士断腕之痛。

当下企业界应该向什么方向转型呢？这个问题的答案应该从顾客角度寻找。我们应该回到原点问：顾客凭什么选择你？是你从制造转变为创造或智造了就选择你吗？不是。是你从传统企业转变为"互联网＋"就选择你吗？不是。是从规模生产转变为个性化定制就选择你吗？也不是。是从生产重型化转型为互联网＋新金融就选择你吗？更不是。顾客最终是凭产品的品牌在选择产品（服务），至于你是如何实现最终的产品的，这个过程顾客不关心，也没有能力关心。而产品实现品牌效应的关键是产品的差异化。因此我们可以说当前企业界转型的关键是从中国制造转型为中国品牌。《财富》全球500强排行榜中，2014年中国大陆上榜企业95家，数量列全球第二，仅次于美国128家。似乎我们距离超级大国已经不远了嘛！英国早已超越，超美也是指日可待。然而，在Interbrand全球品牌100强排行榜中，直到2014年，美国上榜品牌为54家，占据半壁江山，中国品牌刚刚实现了零的突破，上榜数量为1家，就是在我国如日中天的企业——华为。从这个角度看我们尚需拿着望远镜才能看到美国。与其用企业来衡量国家之间的差距，不如用品牌衡量来得真实。从这个角度看，中国企业转型为中国品牌的观点是站得住脚的。当我们接受这一观点后，所谓的创造、智造、互联网＋、个性化定制、互联网＋新金融，等等，仅仅是服务品牌的要素和手段，企业不同，要素和手段当然也不同啦！

为了实现中国制造向中国品牌的转型，单靠一己之力难以实现，省力的方法是借助外力。就像一个人生了病需要借助医生之力而恢复健康一样，企业转型同样需要借助外力，这个外力就是大学、研究院所、咨询机构、培训机构等，我们统称为"智库"。建议企业也要建立自己的智库，用低廉的费用，获得转型需要的战略之力。

不管你是否转型，也不管你是否能实现转型，国家都在转型，也必定能成功转型（否则国家生存就会成问题）。从1978年开始，我国经济经历过两次转型：第一次是1978～1997年，从重工计划型经济向产业轻型化转型；第二次是1998～2014年，从轻型化向重型化转型/从内贸经济向外向型经济转型。有人认为，目前是第三次转型，即从2015年开始，从产业重型化向"互联网＋新金融"转型。转型能赶上国家转型步伐的企业——生，否则，死。在此过程中必定会有旧的力量消亡，新的力量诞生，你需要确定的是你究竟是愿意成为旧的力量，还是新的力量。

转型是痛苦而艰难的，对任何企业都是挑战，但又何尝不是机遇，差别就在于观念、认识、方法，还有一份坚持之心！

辩证看待著名咨询公司的水平

著名咨询公司名气大、收费高，也创造了不少成功的案例，然而盲目相信其水平，可能损失的就是自己。

最近在研究国内某家营销领域绝对著名的咨询公司，阅读该公司在16年（1996～2012年）里所积累的部分精选案例组成的案例集。其中即使是优秀案例，从细节看似乎完美到天衣无缝，然而从战略层面看也存在很多问题，以至于最终可能是咨询公司赚了银子，受损失的是企业。下面举几个例子说明。

案例一：上海"吉祥馄饨"品牌，企业请咨询公司帮助提高单店销售额。咨询公司根据情况，提出了"尝试以馄饨为核心产品，针对不同的商圈类型，在店面面积、装修风格、经营品类等方面进行区分，实行四级开店方式"，即"迷你型窗口类馄饨店；20～40平方米的单一馄饨店；50～80平方米，馄饨、面、饭、汤、饮料等多种产品形态相近的小复合店；100～150平方米，以馄饨为核心的特色店，丰富品类，瞄准家庭的一日三餐做文章，主食精细化、特色化，并开发一些独具特色的产品品类"。

问题：假如按照咨询公司的建议实施，最终在消费者心中"吉祥馄饨"究竟是一家什么样的店（品牌）？企业如何能管理如此繁杂的店面形态？一旦某种店经营良好，完全可能会产生专家型的品牌肢解"吉祥"。事实上天津前几年有这个品牌，现在已经看不见了。

案例二：针对五芳斋粽子品牌，咨询公司建议"产品线实施全品项覆盖，即打造涵盖高中低端的12个品牌，比如盛世五芳、金樽五芳、品味五芳、悠香五芳等，价格从28元到258元不等，销售方式包括门店、高端商务场所、电子商务等多种渠道，并且包装也要针对不同消费群体进行设计"。

问题：其一，企业要经营好12个产品品牌，这对企业来说是个巨大的考验。其二，五芳斋各种产品价格悬殊这么大，五芳斋在消费者心智中究竟是高档粽子还是低档粽子？买了高档粽子的消费者是否会有上当受骗的感觉？其三，品牌名都有"五芳"二字，有多少消费者分得清楚呢？这种取名方法本身就是错误的。其四，五芳斋既然是第一品牌，是否应该给竞争对手留点空间，共同做大品类？其五，企业各个档次的品牌有被专家品牌肢解的危险。

案例三：针对方太（厨具）的情况，咨询公司建议方太："坚持高端路线，并向中档领域延伸。"

问题：一个高端品牌如何向中档延伸？高端就是高端，中档就是中档。假如高端品牌向中档延伸，那很有可能赢得了中档消费者，失去了高端消费者。最好的方式企业坚持方太的高端定位，另外打造一个中档品牌。

案例四：山东香驰集团 20 年来坚持做散装大豆毛油，为了进入金龙鱼、福临门、鲁花占据的小包装油市场，咨询公司建议香驰集团以"粗粮营养调和油为香驰主打的小包装油高端产品，同时辅以上量的大豆油、主攻山东礼品市场的花生油以及中低端的食用调和油等组成香驰产品群，这样，产品群内各产品之间分工明确，定位清晰，卖点突出，为香驰小包装的上市打下了坚实的产品基础"。

问题：这是典型的内部思维！其一，一个长期代表毛油的品牌——香驰和小包装品牌之间关系如何处理，是一个集团内部的事业部，还是独立核算、自负盈亏？其二，一个小包装油市场的后来者，如何能同时经营好如此多的品牌？如何面对市场领先者的阻击？

以上仅是随便选取的四个案例，该案例集中存在类似问题的案例还有很多，之所以以文字方式简单说明，一是正视听，以免读者被类似的所谓著名咨询公司误导；二是至少给有关人士，特别是学习者、研究者，乃至企业多一个参照。

第四部分　案例：用定位既可复盘，也可预测

恒大冰泉为何终将难以成功

恒大地产成功了，恒大足球队也成功了，那么，恒大冰泉也能成功吗？"中国定位第一人"邓德隆自己设的 1 亿元赌局，最终谁能胜出？

2013 年中国足球界，甚至体育界，最轰动的事件恐怕当数广州恒大队夺得亚冠联赛冠军，恒大夺冠着实让球迷兴奋了一次，尤其是在中国足球多年持续低迷的情况下。

广州恒大地产是中国一家著名的地产公司，以中国地产界连续多年的快速增长为契机，恒大地产节节高升，目前稳居中国地产公司前五名。所有见证恒大足球队夺冠时刻的观众都会发现，"恒大冰泉"广告伴随着恒大夺冠横空出世，瞬间就来到大家眼前，甚至让人有点突兀和猝不及防的感觉。

据报道，恒大冰泉拟以高端树品牌，以亲民价格抢市场，350 毫升的瓶

装恒大冰泉零售价3.8元。恒大冰泉水源地为长白山深层矿泉，其与欧洲阿尔卑斯山、俄罗斯高加索山一并被公认为世界三大黄金水源之一，经世界权威鉴定机构——德国Fresenius检测，鉴定结论为"口感和质量与世界著名品牌矿泉水相近，部分指标更优"。长白山深层矿泉，是经过地下千年深层火山岩磨砺，百年循环、吸附、溶滤而成，属火山岩冷泉。水温常年保持在6℃~8℃，水质中的矿物成分及含量相对稳定，水质纯净、零污染，口感温顺清爽。据称，恒大冰泉富含对人体有益的钼、硒、锶等20多种常量及微量元素，特别含有国内罕见的氡、锂元素，氡元素能促进血液循环，对多种老年性疾病、慢性疾病疗效显著；偏硅酸含量是一般矿泉水的2~3倍，偏硅酸对人体主动脉硬化具有软化作用，对心脏病、高血压、动脉硬化、神经功能紊乱等都有医疗保健作用。恒大冰泉pH值为7.25~7.8，属于天然弱碱性水，接近人体的pH数值，更有助于维持正常的渗透压和酸碱平衡。广州恒大足球队主教练兼恒大足球学校校长里皮、中国女排主教练兼广东恒大排球俱乐部主教练郎平、前世界足球先生菲戈、前西班牙兼皇马双料队长耶罗，出任恒大冰泉全球推广大使。

由此看来，恒大冰泉似乎无水能出其右，那么，恒大集团计划斥资百亿元打造矿泉水帝国的梦想能否实现呢？笔者认为必定难以成功。

首先，从恒大集团自身情况看。"恒大"原本是一个地产品牌，在中国足球通常做法下，将"恒大"品牌移植到足球上，也还说得过去，加上恒大老板许家印一掷千金，与其他俱乐部普遍紧缩银根相比，恒大的优势很快就凸显了出来。

亚洲足球的整体水平本来就不高，欧洲和南美的一线球星，在运动生涯巅峰时期一般都选择欧洲五大联赛作为理想发展之地，即使在运动生涯后期也不会选择亚洲，而是选择欧洲二流甚至三流球队以及南美一流球队、美国大联盟效力，比如罗纳尔多成名于荷兰埃因霍温，巅峰时期在西班牙巴塞罗那、皇家马德里和意大利国际米兰度过，然后回到母国巴西的科林蒂安队结束职业生涯。在此大环境下，恒大引进水平相对比较高，甚至能在欧洲、南美洲顶级联赛中游球队打上主力的孔卡、埃尔克森、穆里奇三大外援，一下就将恒大球队提升了一个档次，不但完全能与亚洲一流球队抗衡，甚至常常能净胜对手两球以上。说了这么多，其实是想说明恒大足球队的成功，并非多么了不起的成就，只是多了几个银子而已。然而将"恒大"这个品牌放在瓶装水上，那就是另一回事了。恒大在地产和足球领域的成功，恰恰是它进入瓶装水行业的障碍，因为消费者心智已经认可恒大就是地产，就是足球，而很难接受"恒大还是矿泉水"。"恒大"这个品牌与现在瓶装水品牌相比，不但没有优势，反而具有劣势，甚至完全不在一个层次上。假如不考虑"恒大"原来的品牌含义，与"依云"、"康师傅"等品牌名相比，"恒大"就逊色了不少。

恒大能把地产经营好，也能把足球队搞成功，但这并不能说明恒大就一定能把冰泉弄成功。与足球相比，瓶装水市场要复杂很多，恒大集团的团队对这个领域陌生很多，这个陌生绝不是简单的学习，更不是简单地从现有一线瓶装水市场挖来几个高层所能解决的，而是需要长期的实践，甚至要交学费。俗话说"隔行如隔山"，这座山绝非简单就能跨过去。细心的读者可以看看恒大冰泉的广告策略、渠道布局就能非常清楚地看到恒大冰泉在这个领域的陌生。

恒大冰泉与其他瓶装水品牌的差异性不够。瓶装水本来就是一个差异化很小的品类，况且这个品类已经发展了将近 20 年，不管是从档次、口感、诉求、内资外资、包装来看，还是从成分含量来看，市场已被瓜分殆尽，新品牌的差异化空间很小，因此不管恒大冰泉如何诉求自己的产地、成分、价格等，都难以在消费者的心智中有效实现差异化。

其次，从恒大冰泉的竞争对手看。瓶装水行业经过近20年的发展，已相当成熟，算上地方品牌，有1300多个品牌瓜分着市场，单是全国性的品牌就有依云、屈臣氏、雀巢、农夫山泉、康师傅、乐百氏、怡宝、娃哈哈、统一、景田、昆仑山、5100冰川、崂山、火山岩等十余个，这些品牌诉求各有侧重，比如天然水、矿泉水、纯净水、火山岩水，甚至所谓的让人摸不着头脑的太空水。其单价从1元到10多元，包装从300毫升到4500毫升，在中国从农村到城市的任何一家超市、便利店等终端都能轻松买到相关品牌的水。从这个角度说各个级别的经销商、代理商、批发商等都已经被这些品牌网罗帐下。好比是打仗，各个山头阵地都已经被有关力量所把持，恒大冰泉要想拿下任何一个山头，这些品牌都不会坐以待毙。恒大以为自己斥资百亿元似乎就能让对手俯首称臣，看看依云、屈臣氏、雀巢、娃哈哈、农夫山泉、康师傅、乐百氏、统一、昆仑山、5100冰川等，哪个品牌后面没有站着一个巨头，百亿元就敢称"巨资"，这个玩笑开得确实有点儿大！

综上所述，恒大冰泉必定难以成功，甚至基本没有成功的可能性！

那是否能给恒大集团一些建议呢？

看看中国房地产商的排名，恒大位列前五，除了行业老大万科集团一马当先外，2013年销售额过千亿元的有恒大、保利、万达、海外发展、绿地控股5家，且彼此差距不大，可以说恒大的地位并不稳固。恒大近几年10%的年增长率，并非很好看的数字，不过基本跟上了行业发展速度而已，与另外几家地产公司相比还稍逊一筹。因此恒大目前不是盲目进入瓶装水这样几乎没有成功希望的行业，而是聚焦地产，至少5年，然后再制定战略计划。笔者甚至建议恒大应该卖掉足球队，这是一个烧钱买名而难以获利的特殊领域。

恒大当前的心态，或许可以从恒大的内部讲话一窥端倪："凡是恒大定的计划，一定会超额完成。"或许恒大需要冰泉的最终失败来浇醒自己，那样，在冰泉上烧的钱还是有价值的！

从伟大到平庸——中小企业不知不觉 犯战略性错误的典型案例

伟大企业的苗子不少，但真正成为伟大的企业不多，原因在哪里？是大环境所致，还是我们自己犯了战略性错误？

在商界，几乎每个老板都怀揣着一个伟大的梦想，小企业希望成长为大企业，大企业希望进入世界五百强（至少也是中国五百强）；刚创立的企业希望顺利度过生存期，已有多年历程的企业希望做成百年老店，实现良性发展……难见一家毫无想法、不思进取的企业。为了实现梦想，无数的企业老板们放弃了个人喜好，放弃了与家人共享天伦，甚至放弃了个人健康。天津有个做医疗器械的老板，他的话具有一定的典型性："像我这样，在一个行业干了30年，是毫无幸福感可言的！"但见该老板满脸愁容，满身疲惫。尽管他的话有些极端且为个人感受，但也确具一定代表性。

尽管企业老板们皆怀伟大梦想，并为了实现梦想而殚精竭虑，然而现实中的强大企业，具有影响力的品牌却不多，更多的企业平平淡淡，甚至朝不保夕，摇摇欲坠。从战略层面看，也可能存在重要原因。本书就一起来看看几家企业是如何不知不觉犯战略性错误，从伟大到平庸的。

案例一：A企业是一家电梯部件企业，专门生产、销售电梯配重（每台电梯必备）。1993年开始创业，截至2008年，已占中国电梯配重市场的1/3，常年为奥的斯、通力、三菱等著名电梯企业配套，年销售 3 亿元左右，因经营管理问题，企业利润率较薄，稍不注意就可能亏本。由于这家电梯部件企业在行业中的强大发言权，尽管不时出现质量、交货、售后服务等问题，但著名电梯企业仍然要让它三分。

为了实现企业跨越发展，2007 年下半年，A 企业的老板决定拓宽产品线，从单纯的电梯配重进入电梯轿厢领域，期望在该领域分得一杯羹，甚至成为一支重要力量。为此，企业腾出了一个建筑面积上千平方米的车间，进行装修，招聘管理人员和工人，并贷款数千万元购买了一批机床。其决心不可谓不大！经过半年的准备，该企业的产品走出工厂，装上了客户的整梯。

分析：从规模上看，该企业已是电梯配重行业冠军，然而从经营管理水平上看，并非如此，尚有很大的提升空间。假如该企业坚守电梯配重行业，不断提升经营管理水平，就能成为名副其实的行业冠军，增强自己在行业的发言权，提升利润率，从而获得相当丰厚的回报，在适当时机甚至可以进军国际市场。其实在各行各业不乏零部件企业比整机企业还要赚钱的企业，比如微软、英特尔，等等。

然而，如该企业进入电梯轿厢领域，就将原本单纯的"买卖关系"变成了"买卖与对手一体的关系"，电梯整机企业必定对其有所防范，从而设置障碍。不但增大了企业经营风险，而且即使该企业能实现电梯轿厢的盈利，也从一家具有伟大潜质的企业变成了一家纯粹赚取利润的平庸企业。6 年过去，老板年龄越来越大，身体越来越差，这家企业当然也正变得越来越平庸！

代表典型：未乘胜追击，盲目多元，破坏生态环境。

案例二：B 企业是一家家具产销一体的企业，有员工 500 人，年销售额 6000 万元，并在这个水平徘徊了数年，始终难以突破 1 亿元。该企业品牌在部分区域市场的实木家具领域也具有一定的影响力，然而距离行业一线品牌，无论是销售额，还是影响力等，皆差距不小。为此企业提出"成为中国家具一线品牌"的口号。该企业品牌诉求口号是"成功人士的标志"。

就在既有市场取得一定成果之时，B企业的老板为了实现"成为中国家具一线品牌"的梦想，多方筹资，进入另一个风格的家具市场，企图成为年轻新婚人士心中的重要品牌。然而该企业从进入新风格家具领域，到最终退出，时间前后不到两年，不但未能赚得一个铜板，且损失数以千万，严重时，发工资都成问题。

分析：该企业员工500人，销售额6000万元，人均12万元，仅仅以员工工资一个因素考虑，该企业也必定是微利，甚至亏损。不赚钱的企业是做不成强大品牌的！"成功人士的标志"也是一个虚弱无力的诉求口号，可见该企业的品牌经营能力还处于初级水平。因此尽管该企业品牌在既有家具市场具有一定的影响力，然而不论是企业内部的经营管理水平，还是品牌在市场上的竞争力，该企业都还有很长的路要走，直至真正成为领导品牌，而绝不能贸然进入新领域，也不能瞄准新的消费者人群。换句话说，该企业在既定风格的实木家具市场胜出已属不易，开辟第二战场，企图在两个战场胜出的可能性更是微乎其微。

代表典型：东方未亮，急欲亮西方。

案例三：C企业是一家培训企业，创立于2001年，在国内首创推出某个专业理论的培训，国内企业界对该理论的培训有巨大的市场需求。该企业创始人王老师是这个培训领域的开创者，或者说假如没有王老师的开创性研究，在国内可能就不会有这个领域的培训。当然这家企业也是该领域的开创者和领导者。企业年销售额数年徘徊于区区600万元左右。在成都和重庆分别有一家直营企业开展业务。企业成立14年来，虽接手过几个咨询项目，但是皆未成功，不但未能达到甲方需求，而且相去甚远，有的项目甚至中途草草收场。从而直接影响到王老师和企业的品牌，以及后续业务。目前该企业惨淡经营，持续亏损，濒临倒闭。

分析：显然，时代给了这个企业天赐良机，该企业一开始就是行业领先，占据了最有利的心智位置，在此情况下，该企业的重点应该放在研发和引领行业发展上，不断以研发推动理论的升级换代，让自己始终处于行业领先，也应不断通过引领行业发展，使该行业从一个小品类，发展成一个具有重要影响力的大品类，届时该企业仍然是行业领导者，其销售额就不是区区 600 万元，而是有可能达到 6000 万元，甚至更高。

该企业长期在咨询业务上不得突破，也从一个侧面说明了研发的不足，这时候不应盲目开发咨询业务，而是通过研发寻求理论突破，继而实现咨询的突破，最终实现培训和咨询比翼双飞的效果。

在成都和重庆这两个相距仅 300 公里的省会级城市设立直营企业，从战略层面看也毫无意义。当然也看出老板的格局确实有限，战略思维能力确实有限。这是一个最有可能开创伟大，却最终走向平庸的典型案例！

代表典型：格局小，眼光短，领导者未能担负引导行业发展的职责。

案例四：在调味品界有一个很著名的品牌——"老干妈"辣椒酱，该品牌创立于 1996 年，目前年销售额已逾 30 亿元。老干妈在调味品界最有名的方面：一是它的品牌名——"老干妈"，二是它以"陶华碧"的肖像作为 LOGO（形象设计）。用定位理论分析，"老干妈"这个品牌名简单、独特、朗朗上口，符合行业特征，是一个很好的名字。而"陶华碧"的肖像更是一个显著的视觉锤，它对消费者的正面影响将是长期和潜移默化的。当然所有的调味品企业都知道这个名字和 LOGO 的强大影响力，于是市场上就出现了很多老干妈、老干爹，当然也是以创始人的肖像作为 LOGO，企图搅浑市场，从市场上分得一杯羹。然而快 20 年过去了，消费者还是认为贵阳"陶华碧老干妈"才是正宗的老干妈，其他的品牌一个都没有起来。

分析：企业经营人的内部思维是，别人做什么我就做什么，别人怎么做我就怎么做，既然别人教育、培育了市场，我就可以通过混淆是非、后来居上的方式抢占市场，或者至少从市场上分得一杯羹。然而，消费者的外部思维是，既然你在模仿别人，说明别人的做法就是正确的，否则就毫无模仿的必要性。因此我当然要买开创者的啦，因为它才是正宗的！于是，最终的结果是模仿者永远在模仿，永远难以超越，永远是一个"二流"甚至不入流的企业。中小企业要想成功，不是模仿，而是差异。

代表典型：缺乏自信，模仿对手，迷失方向。

案例五：第五个案例严格来说不是企业，但是是一群中小企业在操作市场，因此对于中小企业同样具有很强的借鉴价值。

在企业认证领域，可能没有一个比"ISO9000"认证的影响力更大了。ISO9000 质量体系认证于 1994 年引入国内，短短数年间就被企业界认识、认同，于是无数企业主动要求通过 ISO9000 认证，一旦通过认证，就会在各种场合宣传，包括印刷在包装上。同时，为了迅速赚钱，ISO9000 认证机构不管企业实际经营管理水平如何，只要交钱，就保证让你获得证书。仅仅 5 年后的 1999 年，国内就有超过 1.5 万家企业通过认证（平均每天近 10 家企业通过认证，这是一个不可思议的速度）。于是大家发现即使是一个作坊式企业，即使是经营一塌糊涂的企业，即使是濒临倒闭的企业，也能顺利通过认证。

数年下来，ISO9000 认证供求双方的地位已发生了根本性转变，从原来的企业主动要求认证，到如今认证机构追着企业认证。ISO9000 证书的含金量也大打折扣了。

分析：ISO9000 体系，从本质上说是一个很好的体系，在国外是一个很严肃、很严格的认证，于是这项认证能够在国外持续发展近30年。进入中国市场后，只要继续保持严肃、严格的作风，放弃赚快钱的念头，耐心做事，就能持久赚钱，赚大钱。这就是ISO9000发展的分水岭，这就是战略性思维。

其实我们不只是做砸了ISO9000认证，还有很多很有前途的项目，甚至可以做成伟大的项目，都被我们在迅速做大做强的口号下做成了鸡肋，直至淡出市场，于是我们又在寻找下一个伟大，又迅速被我们做成下一个鸡肋。

代表典型：欲赚快钱，缺乏耐心，失去天下。

企业发展不易，创品牌亦难，需要持续不断的正确决策，更需要耐心，然而让一个具有伟大潜质的企业（品牌）变成平庸，却很简单，简单到只需要一个观念、一个想法、一个行动的错误即可。

精确制导——王老吉是如何精确经营顾客心智的

王老吉（凉茶）已经成为一个传奇，持续6年超越可口可乐在我国的销量，成为名副其实的"中国第一罐"，背后必有原因。那就让我们共同揭开王老吉成功的神秘面纱吧！

尽管定位从1969年在美国诞生起，到现在已有46年历史（当然美国企业界受恩惠于定位也有45年了），即使从2002年，以特劳特中国公司成立为标志，定位进入我国算起，我国企业界受恩惠于定位也有13年历史了，然而，相较于其他我们耳熟能详的理论、方法，定位仍然仅仅被极少数人所掌握，绝大多数人或从未听说，或在观望，或一知半解，或完全不信，以至于笔者的宣传定位的口号之一就是"未被商界重视的高级商战哲学"。不知道何时定位能被商界主流重视？

这几年，我国最火的一个品牌恐怕非王老吉凉茶莫属。一个仅在两广地区开始流行，销售额刚逾 1 亿元的小品类，长期难以走出两广，甚至面临被淘汰的品类，成长为超 300 亿元的大品类。相比之下，早出发 N 年的椰树椰汁、维维豆奶、露露杏仁露等品牌所属品类，仍然在 10 亿元规模徘徊。尽管这些品牌早已是品类首选，然而始终无法做大，可见凉茶经营手法之高明！

下面就用对比的方法，比较传统经营和战略定位的差异，希望用这种写作手法，让读者更好地理解定位。

1. 关于产品前途的判断

2002 年，正是加多宝公司在经营着王老吉凉茶，当时加多宝公司手里还有冰红茶、冰绿茶、果汁等产品，而且这些产品的前景看起来是显而易见的，唯独王老吉凉茶前途一片混沌。事实上加多宝公司从 1995 年起就开始向市场推广凉茶，这个品牌是加多宝公司从广药集团租赁的。自 1998 年起，至 2002 年，凉茶销售额始终维持在一个多亿元的水平，就是难以突破。经营者也往省外铺过货就是没人买。凉茶原来是一种药，苦味。但王老吉凉茶是甜味，因此广东人也不认。王老吉凉茶从出生就遇到问题。走出两广，凉茶是什么，大家都没听说过。王老吉在 2002 年前还在央视打过广告，诉求是"健康家庭，永远相伴"，可是效果很差。现在看来，这个广告的失误很明显，就是没有明确的价值诉求，没有清晰的定位。不过最令经营者苦恼的是不知道"谁在消费王老吉"，这也是最严重的问题。

传统经营：判断一个产品是否有市场，常常通过观察市面上谁在经营，谁在消费，消费量有多大来确定。因此这个观念常常导致经营者选择已经存在的市场，在经营手法上也常常是跟随领先者，因为我们常常认为领先者必定知道正确的经营方式。传统经营认为这种方式最为安全。

战略定位：判断一个产品是否有市场，也常常通过观察市面上谁在经营，谁在消费，消费量有多大来确定。不过战略定位认为一旦市场上已有领先者，甚至顾客的心智阶梯已经被占领，这样的市场价值对于后来者来说是有限的。同时战略定位认为跟随领先者难以成功，顶多成为一个二流的品牌。因此如果一个产品在市场上无人经营，消费量很小，正好说明这个产品前景广阔，品类前途无限，正式开创新品类，创造大品牌的好时候。

原因分析：顾客的心智容量是有限的，顾客存储信息的方式是简化归类、阶梯存储，一旦市场上已有类似产品占据顾客心智，后来者就难以替代领先者，因此，假如市场上某种产品无人经营，无人消费，正好说明该产品潜在市场很大，经营起来竞争压力也小。新品类能否成功的关键在于是否能提炼出独一无二的价值诉求。

通过大量访谈员工、经销商、顾客等，王老吉发现凉茶具有"清热、解毒、祛暑湿"的功效，于是才有后来的"怕上火，喝王老吉"这句经典的口号。

2. 关于经营出发点的选择

传统经营：经营市场，认为销售额越高，品牌越强大，于是为了提高销售额，扩大市场占有率，不惜一切代价，方法无所不用其极，低价、促销，招纳无数经销（代理）商，进入无数市场终端，推出各式各样的包装，等等。

战略定位：经营心智，认为心智认知、认可度越高，品牌越强大，于是为了让品牌成为消费者心智首选，成为品类代表，小心翼翼地做着一切工作。

任何动作都要问："符合定位吗？符合心智规律吗？有利于扩大品类吗？有利于提高品牌在品类中的位置吗？"

原因分析：当代商战的核心不是满足顾客需求，也不是单纯地争夺渠道、终端，而是争夺顾客心智资源。得顾客心智者，得天下！

3. 在初认知期，如何应对初认知挑战

凉茶这个新品类初始进入市场，顾客会在心里问："凉茶是什么？王老吉是谁？"顾客第一次听说你是谁，假如没有说清楚，或许就没有第二次机会了。因此，王老吉要尽快解决如下问题：

第一，关于品类宗属的问题。

传统经营：淡化品类，甚至在经营者眼里根本就没有"品类"这个概念，认为只要商品销售额高，市场占有率高就行，最好能独占市场。因此假如用传统经营的方式来经营凉茶，宣传凉茶品类是次要的，甚至可以被忽略，而最重要的是宣传"王老吉"品牌。

战略定位：强调品类宗属，品类的强大，决定了品牌的强大。因此宣传凉茶品类和"王老吉"品牌同样重要。于是王老吉在品牌推广之初就强调"王老吉凉茶"。这个经营手法直到王老吉进入百亿俱乐部也没有改变。

原因分析：因为顾客在购买商品时，实际上并不是在购买品牌，而是在购买品类，顾客是"购买品类，以品牌来表达"。例如，顾客购买 iPhone、三星、小米或华为手机时，是在购买智能手机，只不过这几款品牌是智能手机的代表品牌，所以销量自然就好了。购买茅台、五粮液，本质上是在购买高档白酒。因此，王老吉在推出时，始终带着"凉茶"，其目的就是要让顾客购买凉茶，然后以购买王老吉作为表达方式。

第二，关于品牌名字的问题。

传统经营：品牌名尽管重要，但并未上升到战略层面，于是无数公司的一个成功品牌名常常会延伸到多种商品上；于是我们在 2012 年底看到一款名叫"芳临"的，奇怪的饮料品牌；于是为了让顾客知道天津"博纳国际影城"与农垦集团有关，名字就取为"农垦博纳国际影城"；还有天与地瓶装水、索伊冰箱，等等，看着都觉得很奇怪的品牌名。

战略定位：品牌名不但重要，而且必须上升到战略层面考虑。定位认为名字就是战斗力，名字就是千军万马，好的名字就能走货。于是我们看到"王老吉"这个符合凉茶传统的，符合我们认知的，极为贴切的名字（后来改名为"加多宝"，那是官司问题，在此不表）。

原因分析：好的品牌名具备"望文生义、像个品牌、简单、独特、朗朗上口，符合商品属性"等特点，好的品牌名更容易进入顾客心智，比如奔驰、宝马、凯越、锐志、海飞丝、飘柔、帮宝适、佳洁士等国外的品牌，也取了一个讨好中国人的名字。好名字即使没有广告，自身就能卖货！反之即使有好的产品，如果没有一个好的品牌名，也难以成功，比如尖叫、第五季、天与地、俏江南等都是很差的名字。

第三，关于产品包装的问题。

传统经营：根据顾客需求尽快推出各种规格、款式的包装，以求提升销售额。

战略定位：王老吉 310 毫升罐装品项（区别于可乐品类 330 毫升的包装），沿自多年的应用，也适合凉茶品类，一看就很"中国"，符合凉茶品牌传统草本、健康珍贵的特点，有别于一般的饮料包装，很容易被识别和记忆，为品牌能顺利进入并扎根顾客心智奠定了基础。

原因分析：心智喜欢简单，心智容量有限，心智易失焦点。为了让品牌进入顾客心智，用一个包装形式作为代表品项是最佳选择，并根据品牌发展情况，在适当时候，适当区域市场，针对适当的人群，适当增加包装，以适当提供更多选择。为何不开发其他包装，其原因一是在顾客心智中打造品牌，占据心智的品牌最终会赢得市场，因此品牌推出早期应以进入心智为首要，必须集中品项；二是新品牌缺乏力量，需要集中兵力在某个品项上取得局部突破，以争得第一波源点人群，再带动其他人消费。

第四，关于邀请代言人的问题。

传统经营：在资源允许的情况下，邀请代言人当然更佳，资源不允许的情况下，甚至借钱也要请代言人，于是我们甚至看到有运动鞋类品牌邀请跳水运动员代言，要知道跳水运动员是不穿鞋的。

战略定位：王老吉曾经也考虑过是否邀请姚明作为代言人，最终放弃邀请姚明代言品牌。直到今天，代言人也不是王老吉打造品牌中重要的一环。

原因分析：明星的出现容易"抢去"顾客对品牌的关注，干扰品牌信息传递，从而使品牌的认知和接受受到影响，所以王老吉最终没有邀请姚明，也没有邀请其他人代言。

第五，关于竞争对手的问题。

传统经营：常常把行业里的企业、品牌作为竞争对手，并通过如下两个角度来确定竞争对手：从企业的角度看，谁与本企业争夺同一个目标用户（小众）群体；从用户的角度看，他们在选购产品时，是在哪两个品牌或产品之间做最后的选择。

战略定位：王老吉一开始就把中国最畅销的饮料——可口可乐作为自己的竞争对手，产品价值诉求、价格、包装、销售渠道，等等，都围绕竞争对手展开。而当时可口可乐销售额逾百亿元，王老吉销售额1亿元，两者完全不在一个级别。

原因分析：新品类的推出、发展、成功，一定要选择一个强大的对手，对手越强，市场越大。成功的关键在于根据对手的诉求推出一个独一无二、无法仿效的价值诉求，让竞争对手无法反击。

第六，关于信任状的问题。

传统经营：未能将信任状上升到战略层面去考虑，不注意选取合适的信任状，也不注意信任状的升级，甚至没有信任状这个概念。

战略定位：王老吉凉茶在不同时期、场合曾经使用过的信任状包括凉茶始祖、正宗凉茶、两广流行的饮料、南方流行的饮料、超过可乐的饮料、中国第一罐、国家级非物质文化遗产，等等。

原因分析：心智缺乏安全，对品类和品牌负面认知的风险，一种有效的防范措施就是为品牌获取信任状，以支持它是安全、可靠和货真价实的产品。使用信任状要注意以下两点：一是尽早使用信任状；二是可以不断升级信任状。

4. 在孕育期，要避免风尚化发展

第一，关于创造趋势的问题。

传统经营：对品牌发展速度并不刻意控制，期望速度越快越好，甚至突然爆发最好，于是我们看到很多产品的推出常常是一下就全区域铺开，广告、公关、地推、促销等各种方式同时上阵。但是迅速升起常常伴随着快速陨落。

战略定位：让王老吉较均匀地加速发展，在初认知期之后，有一个相对较长的低速阶段作为品牌和品类的孕育期，让人们有机会慢慢而充分地了解品牌和品类，深入认识其价值。与此同时，品牌培养出第一波忠诚而成熟的顾客，他们会逐渐地影响和带动一波又一波消费人群，为品类不断创造适宜顾客。

原因分析：一方面，新品类或新品牌的产品难免会有一些缺陷，缓节奏推进，使品牌有时间和机会根据市场反馈来修正产品和完善各项运营，把激发负面反应的因素减至最低；另一方面，任何新品牌和新品类难免会吸引到不恰当的尝试性消费，可控的稳步发展，能悄悄地消化掉负面反应，让品牌慢慢壮大起来。时间上适当地放慢，其目的是在空间方面要求品牌打造创造出"从高势能到低势能，顺势推进"的市场态势。

第二，关于源点人群选择的问题。

传统经营：并不刻意地选择源点人群，通常在一个区域市场或者一个细分人群，大规模、立体式，甚至闪电式轰炸，以便在尽可能短的时间内，创造尽可能高的销售额，即所谓的挤压竞争对手生存空间，让竞争对手来不及反应。

战略定位：王老吉选择商业餐饮人群作为源点人群，特别是经常吃火锅、煎炸和热辣食品的人群，能首先被他们认可，可以表明凉茶确实有去火功效。在区域市场的推进方面，王老吉的始发市场是广东，它走向全国时第一波拓展的市场是浙江，然后推进到东南沿海一带，之后再逐步向北部和内陆地区延伸。具体到每个地区的推进，则比较严格地把握了"先中心城市，后周围城市"的原则。

原因分析：源点人群的有效选择，不但能够让品类、品牌积累起足够的势能，带动其他人群的消费，还能创造消费趋势，避免风尚化发展，而且可以大大节省营销费用。

第三，关于价格确定的问题。

传统经营：根据成本、竞争对手的价格、最大销售额等来确定商品价格。

战略定位：王老吉310毫升的罐装饮料，基准零售价格是每罐3.5元，高出罐装可乐75%，这配合了它高势能源点人群的营销，并树立起高端饮料的形象，保持着顾客对之的高端认可。

原因分析：根据定位、竞争对手、品类和品牌的长期发展，以及顾客可以接受的价格来确定商品价格。

5. 在高速发展期，要为品牌及时补充品牌势能

第一，关于持续投入问题。

传统经营：为了实现所谓的"利润最大化"，对于品牌势能并未进行有效的决策。在品牌已经获得认可，具备一定的发展速度后，企业往往开始注重收获利润。常常有"产品从构思、推出、推广，直到有利润，太辛苦啦，终于可以缓口气啦"的感觉。

战略定位：即使在王老吉销售形势一片大好的情况下，王老吉依然通过在央视和地方台做广告，业务人员在社区、商务区、商超区等场所做活动等方式，持续宣传王老吉凉茶。事实上王老吉这些年来一直都在不遗余力地进行宣传。

原因分析：品牌在高速发展的大好局势之中，挑战随之而来，越是高速的发展，越是难以保持，对于资金、人员、管理、营销等挑战会更大。品牌若是在此时因投入不足而停顿下来，将很容易出现"坡顶现象"。椰树和露露就是典型的负面例子，最终停在了10亿元品牌"坡顶"。

第二，关于注入热销概念的问题。

传统经营：思路没有明显变化，仍然按部就班地经营、宣传，严重情况，甚至可能停止宣传。

战略定位：及时为王老吉注入热销概念，例如，广告的拍摄手法突出大家都在消费的感觉，强调中国最畅销的罐装饮料，等等。

原因分析：由于品牌处于高速发展期，热销概念的注入又使其热上加热，

它将会不断地获取更高级的热销概念，推动自己一波又一波更大的成长。椰树和露露等品牌当年如能及时补上这一环节，品牌将可更上一层楼。

第三，关于做大品类需求的问题。

传统经营：关注品牌增长，忽视品类繁荣，甚至在经营者的理解里根本没有"品类"这个概念。

战略定位：为做大凉茶需求，王老吉做出了多方面的努力，比如演示更多的饮用场合；结合不同区域或人群特点，提示日常生活中易"上火"的情况，培养更广的品类消费习惯；展开类似"冬季干燥，怕上火喝王老吉"的推广活动，深入到社区等场所，宣传凉茶不只是适合暑期饮用，而是四季皆宜的饮料；等等。

原因分析：品类的繁荣是品牌强大的基础，作为领导品牌应当自觉地承担起品类繁荣的责任，并注意关注竞争，让自己始终安全、牢牢地占据领导地位。

第四，关于保证品牌最低成长速度的问题。

传统经营：品牌已取得较大成功，可以适当减少投入，甚至将资源转移到其他业务领域，开辟"第二增长点"，或者会将品牌延伸到别的产品，以创造"搭便车"的效果。

战略定位：继续增加在凉茶品类的投入，保持品类和品牌的最低增长速度，经营者甚至聚焦凉茶。

原因分析：企业要确保集中资源，特别是高层管理者的精力，以便在起飞的品类上实现最大限度追击，获得最大的成果。此时分兵进入其他业务领域，一旦在新的业务领域遭遇强大的竞争对手，会把企业原本应该投在已有品类上的资源抢走。

6. 长期坚持的要点

第一，防止品牌泛化的问题。包括以下三个方面：

一是关于包装。

传统经营：增加包装形式，推出更多的款式、口味等，所谓的形成产品体系，以满足更多人的消费需求。

战略定位：继续保持"红罐"包装，以保持品项焦点，为了满足更多的市场需求，推出 6 连罐、12 连罐礼品装。

原因分析：换上新的包装，客观上使品牌泛化，导致消费者对品牌的记忆模糊，从而在有消费需求时，不再把它作为首选。一种产品是否畅销，关键看它在顾客心智中占据什么样的地位。

二是关于品牌延伸。

传统经营：一个品牌、一个产品成功后，企业通常会把这个品牌用在很多种商品上，比如娃哈哈、康师傅、统一，等等。

战略定位：王老吉始终仅仅代表"凉茶"。

原因分析：品牌延伸是指一个品牌进入多品类领域，企业可以借助品牌的知名度和熟悉度，为新推出的产品赢得一波关注，短期内收获一些销量，但长期而言，新品类内的专家品牌将更好地建立起"品类—品牌"的关联认知，去代表品类，成为品类首选，品牌甚至成为品类代名词。另外，延伸品牌如果在原品类领域遇到强有力的专家品牌竞争，也会发生相同情况，最终专家品牌获胜。这样品牌就会面临腹背受敌的窘境。

三是关于约束市场。

传统经营：对产品进入的人群、市场不加控制，任其发展，企图获得更高的销售额和更丰厚的利润。

战略定位：王老吉根据目标市场做出了系统的取舍，包括品项、价格、消费场所、农村与城市市场先后顺序的处理、广告、公关，等等。

原因分析：品牌在走出战略源点期之前，应该树立非常鲜明的源点人群概念，并尽量回避太低势能的市场。因为市场有跟风消费的现象，顾客如果在第一次问"谁在用它"时，发现品牌被低势能市场消费，那么他对品牌的兴趣往往到此为止；反之，低势能市场会跟随高势能市场的消费。

第二，维护品类的问题。

传统经营：不刻意去维护品类繁荣，只关注自身品牌发展。

战略定位：容纳凉茶品类其他品牌发展，给予他们正常的发展空间。同时诉求在各种饮料消费场合畅饮凉茶，坚定凉茶是一种饮料的品类形象。同时也注意保持"王老吉"在凉茶品类的领导地位。最后王老吉联合其他凉茶企业，借助政府支持，把广州打造成"凉茶之城"。

原因分析：品类繁荣是品牌发展的基础。

以上就是王老吉从一个销售额仅1亿元，仅在两广地区流行的小品牌，成长为销售额200亿元，持续风行全国，甚至有走出国门趋势的大品牌的核心指导思想。它既简单，又复杂，值得广大经营者、咨询师学习、借鉴。

这里需要说明的是，本书是对已公开面世的，由特劳特（中国）战略定位咨询公司编写的《王老吉为什么这样红》的深入解读，也有创新。以对比的手法写，便于读者对比思考、领悟，或许能对中小企业有更多、更好的启发。

结束语 未来赢家——致中小企业的一封公开信

用"变革"来形容这个时代已然不够，用"狂飙突进"来形容，毫不为过。过去的成功可能是未来进步的包袱，为了成为未来赢家，中小企业应该如何应对呢？

从 2013 年 1 月写第一篇定位专题文章《所有企业都需要创品牌》开始，一晃两年过去了。过去两年，每月按时写一篇定位文章，共计 24 篇。它们几乎涵盖了中小企业定位的方方面面，笔者也从刚开始的喷薄而出，不写不快，到现在搜肠刮肚，难有新意。既然没有啥写的了，那就干脆不写了。写了两年，也该结束了，就以此文暂且作为本书的封篇吧！

就在撰写结束语的前不久，2014 年 12 月 11 日闭幕的中央经济工作会议首次明确"经济发展新常态"九大趋势性变化，提出认识新常态、适应新常态、引领新常态，是当前和今后一个时期我国经济发展的大逻辑。会议称，环境承载能力已接近上限，必须推动绿色低碳循环发展。那么，企业的新常态是什么呢？

在笔者的印象里，"创业"这个词从未像 2014 年那么高调地提出，那么被国家重视，以至于国家领导人在多个场合提到创业，尤其是草根的创业。国家为草根的创业提供了前所未有的便利，草根创业也从未有过如此足的底气；草根开始自己的创业历程，从未如此之简单。因此这是一个创业的时代，创业必将成为越来越多人的发展、生活方式。伴随着创业越来越常态化，将会有越来越多的中小企业诞生，它们的产品将会越来越多地影响我们的生活，中小企业也必将在国家经济中扮演越来越重要的角色。

国有企业与民营企业的进退关系，在过去的几十年里反反复复，然而国家经济发展到现在，"国退民进"已成无可辩驳的事实，因此可以预料民营企业的地位会越来越高，国家对民营企业的政策将会越来越宽松，民营企业将可以进入越来越多的领域。民营企业所能进入的领域事实上也将会是一份负面清单，民营企业在国家经济中的地位也将越来越高。

国家经济新常态中提到，市场竞争正向"质量型"为主的竞争转化，然而这并不意味着"质量"是企业竞争成败的关键，事实上它只是竞争的基础，是参与竞争的基本要素。靠质量、服务的生存、发展方式，竞争空间将越来越小。

智能化、信息化、互联网化是不可逆转的趋势，今天提出来还具有前瞻性，然而它们将会成为企业的常态，未来的企业，不能实现智能化、信息化和互联网化倒是非常态，因此企业的智能化、信息化和互联网化将会越来越少地被提到。

我国企业有过干什么都赚钱的特殊时代，也有过不多元化似乎不能称之为干企业的狂热时代，然而这些时代都一去不复返了，未来活得好的不是多元化经营的企业，而是专业化经营的企业，或者说未来企业将会干得越少，活得越好。

目前很多企业都不擅长经营品牌，而是擅长卖产品。随着企业越来越多，顾客可选择的产品也越来越多，为了在激烈的竞争中脱颖而出，为了降低顾客选择商品的成本，品牌将是所有企业发展的不二选择。而跨越"卖产品"

与"卖品牌"之间的鸿沟，绝非一时，这将是对中小企业家和职业经理人的挑战。

企业新常态，对于中小企业来说既是机遇，当然也是挑战。为了抓住机遇，就要迎接挑战。关于这方面，很多专家、学者和企业家等，提出了很多有价值的见解，也有点老生常谈的味道了。在此我从另外的角度，也是无数中小企业忽略的角度提出五点建议，供中小企业参考。

一是未来的中小企业在思考问题时，要抛弃"更好、更多"的观念，即产品更好、服务更好、款式更多等，这条路注定难以走通。中小企业更应该考虑如何才能做得不同，即差异化，这才是在激烈的竞争中取胜的关键。或者差异化，或者死亡！任何行业，任何企业都有资格差异化，也必须差异化，如套用"更"的体裁，那就是"更不同"。

二是在经济新常态和企业新常态下，企业的经营方式将会随之发生变化，过去有效的方法，未来可能不但无效，还会有害，因此中小企业要勇于与过去告别，特别是观念、知识、方法、技能，要勇于面向未来，面对变化，拥抱未来，拥抱变革。这点说起来容易，做起来其实挺难，恐怕需要借助外力才能做到。

三是就像个人一样，企业发展遇到问题，中小企业经营者们还习惯于自己去钻研解决之法，事实上绝大多数企业问题在专业的咨询机构眼中根本就不是大不了的问题，无数成功企业背后都有专业咨询公司、咨询师的身影，因此中小企业要学会与咨询公司、咨询师交朋友，根据企业情况采购咨询产品，这是经营好企业的捷径，费用少、见效快、效果好、痛苦少。与咨询公司、咨询师打交道，对无数中小企业来说，还是一个新课题，也是好机遇，中小企业要善于选择好的、专业的咨询公司，让他们的专业能力成为企业能力的一部分。

　　四是有感于笔者在为企业提供咨询服务时，发现很多企业的问题都是严重到非解决不可的地步才想到找咨询公司，特别向企业建议：其实很多引发大的经营危机的问题，常常在企业经营顺风顺水的时候就不经意地埋下了，而这些问题在咨询公司眼里常常就是小儿科，因此像个人一样，中小企业要养成定期对企业进行体检的习惯，在貌似健康的时候，多多保健，远远胜过危机时候的临时求医问药。不要吝啬一点小钱，花钱保平安，这点儿投入与害了重症时的巨大损失相比，九牛一毛！

　　五是在这些年服务企业过程中，笔者明显感觉到绝大多数中小企业经营者的眼界比较狭窄，即使很多中小企业家以为自己眼界很宽了，但是与这个时代的要求相比，仍然不够，因此对于中小企业来说，走出去，深入国内外的企业界、学术界，具有特别的重要性。中小企业的经营者们不要以为离了你，企业就不转了。事实上，假如真是离了你企业就不转了，才更有走出去的必要。

　　以上五点，没有高深的知识，更多是观念的转变，然而转变观念常常是很难的，需要从外面看自己，从旁观者看自己，勇于与旧的自己挥手告别。笔者相信锐意进取的中小企业的经营者们能做到。

　　笔者是一个乐观主义者，毫无疑问，中国的未来值得期待，中小企业的舞台无限宽广。未来的舞台绝不仅限于国内，走出国门绝不仅仅是大中型企业的专利，中小企业一样可以走出去，开创隐形冠军的传奇！

　　祝愿中国繁荣富强，祝愿中小企业立足国内，顺利走出国门，走向世界！

附录：定位服务内容

旨在将全球顶尖的定位实践带到中小企业，为中小企业在现代商业竞争中提供先进的战略性支持。

1. 公开课

根据市场需要，推出定位相关课程，收费标准具体情况具体研究。目前开的公开课是"定位私学班"，每年仅开 1 期，每期限招 6 人。"定位老板班"，每年仅开 1 期，每期限招 10 人。

2. 定位内训

以内训的方式，将"定位：有史以来对美国营销影响最大的观念"、"定位：未被商界重视的高级商战哲学"介绍给企业，直至其对定位有比较全面、清晰的认识，并基本能运用定位分析自己的战略、各项运营活动，以及能进行大致调整。参训人员为企业中高管。

3. 帮助召开战略会议

战略会议应该成为每个企业必不可少的，最重要的会议。可以将战略会议引进企业，帮助召开成功的战略会议。每半年 1 次，以作为企业运营的重要指导。

4. 常年战略顾问

协助企业在外部市场竞争中确立优势定位，并将定位引入企业内部作为战略核心，在此基础上评估、改进和规划运营活动，以使企业达至最优化经营，获取更佳绩效，同时建立起可持续竞争优势。这将是企业做出一个成功的3年期或5年期战略规划的起点。

具体包括：

（1）分别在3个整天为企业高管培训定位，共计3天。

（2）成为企业家和高管的品牌、战略教练；持续1年。

（3）帮助企业召开战略会议，每半年1次，每次1~2天。

（4）帮助分析行业竞争环境，协助企业家为企业选择恰当的战略形式，确立最佳定位；根据明确的定位，对企业现行的运营活动提出体检和改进建议。定位一旦确定，企业将可以立即根据自身状况，围绕定位做出运营调整和资源配置，我们充当好顾问角色，协助企业完成系统战略规划，并帮助企业在运行过程中及时调整、完善。

5. 定位咨询

帮助企业在外部市场竞争中确立优势定位，并将定位引入企业内部作为战略核心，在此基础上评估、改进和规划运营活动，以使企业达至最优化经营，获取更佳绩效，同时建立起可持续竞争优势。这将是企业做出一个成功的3年期或5年期战略规划的起点。

（1）分别在5个整天为企业高管培训定位，共计5天。

（2）成为企业家和高管的品牌、战略教练，持续1年。

（3）帮助企业召开战略会议，每半年1次，每次1~2天。

（4）老师组建咨询团队，通过数月的努力，帮助企业分析内外环境，最终为企业出一份《品牌战略研究报告》，该报告将分析企业品牌现状，为企业定位，然后根据定位为企业规划运营配称，以确保竞争对手不可复制。定位一旦确定，企业将可以立即根据自身状况，围绕定位做出运营调整和资源配置，我们将帮助评估这些运营设计和管理决策，持续跟进服务，确保定位落地，绩效提高，成为一个有影响力的品牌。

6. 成为企业家和高管在品牌和战略方面的教练

回答企业家和高管在品牌、战略方面的问题，帮助他们成为品牌、战略专家，并根据企业情况，适当提供品牌、战略方面的建议。

7. 计时咨询

与企业家和高管面对面，回答企业品牌和战略方面的问题，探讨解决方案，按小时收费。

致　谢

自 2003 年接触定位的第一本著作《营销革命》算起，至今已有 12 年了。从当年基本读不懂定位的奥秘，到今天能比较轻松地理解定位内涵，并基本能熟练运用；从当年一不小心撞进定位大门，难以看清定位真容，到今天以定位咨询和培训为生；从当年读定位书，到今天写成一本凝聚着自己心血的，与定位有关的拙作。在此过程中，除了自己努力外，没有各界的帮助，能走到今天真是难以想象。借拙作出版之机，特对各界致以谢意。

首先要感谢的当然是艾·里斯和杰克·特劳特，没有两位大师的高瞻远瞩，数十年如一日地研究、实践、传播定位，就没有今天摆在我们面前"妙之又妙"的定位。"定位之妙，存乎一心"，感谢大师！

本书付梓前，作为南开学子，首先想到的是请南开创始人张伯苓先生后人，全国政协常务委员，天津市人大原副主任，天津工商联原主席张元龙先生写推荐序。元龙先生百忙，没想到竟欣然答应，并在很短时间内完成序。感谢先生！

当年读《营销革命》请教的第一位老师是南开大学的申光龙教授，申老师并非我在南开读研时的任课老师，然而即便我冒昧地给申老师发邮件请教时，申老师百忙中仍亲自回复，并表示可以去找他。后来在研究、传播定位过程中，又先后两次拜访过申老师，老师均特地抽时间接待。感谢申老师！

在拙作付梓前，特请中国书法家协会理事，中国当代书法名家王学龄老师为拙作题词，王老师欣然同意，以示鼓励，也使得更多人有机会瞻仰王老师墨宝。感谢王老师！

天津股权交易所，承担着国家金融改革试点任务，挂牌企业逾600家，在我国场外交易市场中占有重要的一席之地，然而当我与天交所执行总裁韩家清先生联系，希望天交所能引进定位时，韩总以开放和极为务实的姿态欣然表示可先试试，看效果。从2015年元月起与天交所建立合作关系，为天交所及挂牌企业提供服务，直到现在，合作始终非常顺利、愉快，且卓有成效。韩总还欣然为本书提笔"刘波老师是天交所的良师益友，定位正在服务于天交所及挂牌企业"。感谢韩总！

定位之所以能被介绍到中国，服务于我国企业，先后成立的特劳特（中国）战略定位咨询公司、里斯（中国）营销战略咨询公司当然是最大的功臣。在研究定位过程中先后与特劳特（中国）公司的邓德隆、谢伟山有过一面之缘。2010年5月还给邓老师写过一封信，邓老师安排谈云海博士回信，并吸收我进入定位学习小组。之后还与里斯在中国授权的培训机构——克里夫营销学院总经理黄安东有过接触，黄总还亲自给我寄过学习资料。感谢以上各位老师，你们在我学习定位过程中起到了重要的指导作用。

在研究、传播定位过程中，还得到了很多朋友的帮助，他们是心理学专家常志旭老师，中国职业生涯培训开创者程社明博士，我的研究生导师林润辉教授，隐形冠军专家邓地教授，天津大学赵道致教授、陈星副院长、韩秀月主任，经纬睿诚咨询公司丁万利总经理、邵煜副总，青果园企业孵化器王小新总经理，天津MBA俱乐部创始人刘华，明理管理咨询公司冯燕老师，工业品营销专家杜忠，互联网领域专家唐忠诚，汇才教育学院陈伟院长、王江峰先生、马万里院长、高丽芳院长，以及天交所的很多合作伙伴。感谢你们！